巻頭言

　1945 年 11 月 1 日から 16 日の日程で、United Nations Con□□□□□□□□□□□□□ n educational and cultural organization（国際連合ユネスコ設立会議）が□□ □□□□ と ロンドンの英国土木工学研究所で開催され、最終日の 16 日に「国際連合教育科学文化機関憲章（ユネスコ憲章）」が採択されました。その「前文」は、私たちもよく知る「戦争は人の心の中で生まれるものであるから、人の心の中に平和のとりでを築かなければならない。」で始まり、「世界の諸人民の教育、科学及び文化上の関係を通じて、国際連合の設立の目的であり、かつその憲章が宣言している国際平和と人類の共通の福祉という目的を促進するために、ここに国際連合教育科学文化機関を創設する。」で締めくくられています。ユネスコ憲章は、翌年の 1946 年 11 月 4 日に効力が発生し、United Nations Educational, Scientific and Cultural Organization, UNESCO（国際連合教育科学文化機関、ユネスコ）が設立されます。本部はパリに置かれました。

　日本のユネスコ加盟は 1951 年 7 月 2 日。翌年の 1952 年 6 月に、日本は国連加盟を申請しますが、加盟承認は 4 年後の 1956 年 12 月 18 日となります。ユネスコ加盟は国連加盟に先立つこと 5 年、ユネスコは日本が国際舞台に立つ最初の機会となったわけです。

　1953 年、ユネスコはユネスコ憲章に示された理念を学校現場で実践するために学校どうしのネットワーク、Associated Schools Project Network（ASPnet）を、世界 15 カ国 33 校で設立します。日本からは中学校 4 校と高等学校 2 校（広島大学附属高等学校、東京教育大学附属駒場高等学校）が加わりました。Associated Schools Project Network は「関連づけられた学校のプロジェクトのネットワーク」ということになりますが、日本では、ASPnet への加盟がユネスコによって承認されたひとつひとつの学校に視点を置いた「ユネスコ協同学校」という名称が使われます。ユネスコが目指したのはネットワークの構築ですが、日本では加盟した「学校」が注目されていきます。そこには、ASPnet に加盟した学校はユネスコが世界規模で推進する理想の教育を実践する学校でありモデル校であるという理想を探求する姿勢があったのだと思われます。その後、2008 年度からは、「ユネスコ協同学校」を「ユネスコスクール」と呼ぶこととなり、今日、「ユネスコスクール」の名称が広く使われることになりました。

　「本校はユネスコスクールです」と言ったときには、「Associated Schools Project Network の Menber School」の意味であり、「本校はユネスコスクールに加盟しています」と言った時は、「Associated Schools Project Network」の意味であることに注意しなければなりません。もちろん、ユネスコが目指したのは、「ネットワーク」「つながり」であります。Unesco School は、使われていません。

　それからおよそ 50 年後の 2002 年に、国際連合は「持続可能な開発に関する世界首脳会議（ヨハネスブルグ・サミット）」を開催します。日本政府と NGO は「持続可能な開発のための教育（Education for Sustainable Development：ESD）」を提唱し、2002 年 12 月の第 57 回国連総会において、日本が提出した決議案が満場一致で採択され、「国連持続可能な開発のための教育の 10 年（UN-DESD）」（2005 年〜 2014 年）がスタートします。その時、ユネスコが ESD の主導機関と定められます。戦後、我が国が最初に立った国際舞台であるユネスコと ESD を提唱した日本との 50 年を越えるつながりを感じざるを得ません。

　2006 年 3 月、持続可能な開発のための教育に関する関係省庁連絡会議は、「我が国における『国連持続可能な開発のための教育の 10 年』実施計画」を策定し（2011 年 6 月に第 1 回改訂　2016 年

3月に第2回改訂、2019年5月に「第2期実施計画」策定）、我が国のＥＳＤの推進が開始します。ユネスコスクールはその推進拠点と位置づけられます。2005（平成17）年、我が国のユネスコスクールはわずか16校。まずは推進拠点であるユネスコスクールを増やそうと、2007年頃からACCUやASPUnivNetの加盟支援事業が本格化します。2008年には、日本ユネスコ国内委員会の提言で「ユネスコ協同学校」が「ユネスコスクール」に正式に改称されます。その後、ＥＳＤは「教育振興基本計画」（2008年）、「学習指導要領」（2008年公示）、「第2期教育振興計画」（2013年）において、わが国の教育の重要な理念の一つとして位置づけられていきます。海外では、2009年3月4日にドイツ・ボンにて「持続可能な開発のための教育世界会議」が開催され、「ボン宣言」が採択されます。また、2013年11月の第37回ユネスコ総会において、UN-DESDを継承するプログラムとして「ＥＳＤに関するグローバル・アクション・プログラム（GAP）」が採択されます。

　このようにして、UN-DESDは最終年の2014（平成26）年を迎えます。11月4日から12日の日程で、「持続可能な開発のための教育（ＥＳＤ）に関するユネスコ世界会議」が、岡山市、名古屋市にて開催され、「ユネスコスクール岡山宣言」「あいち・なごや宣言」が採択されます。

　その後、2015年には、2019年までのプログラムとして、GAPがスタートします。また、同年、国連は、2000年に定めた「ミレニアム開発目標（MDGs）」を引き継ぐ形で「ＳＤＧｓ（持続可能な開発目標）」を中核とする「持続可能な開発のための2030アジェンダ」を採択します。そして、ＥＳＤは、ＳＤＧｓの目標達成を牽引する教育という位置づけを明確にします。

　2017年3月に公示された新しい「学習指導要領」の「前文」には、「持続可能な社会の創り手」の育成が次のように掲げられました。

　これからの学校には、こうした教育の目的及び目標の達成を目指しつつ、一人一人の児童が、自分のよさや可能性を認識するとともに、あらゆる他者を価値のある存在として尊重し、多様な人々と協働しながら様々な社会的変化を乗り越え、豊かな人生を切り拓き、持続可能な社会の創り手となることができるようにすることが求められる。このために必要な教育の在り方を具体化するのが，各学校において教育の内容等を組織的かつ計画的に組み立てた教育課程である。

　教育課程を通して，これからの時代に求められる教育を実現していくためには，よりよい学校教育を通してよりよい社会を創るという理念を学校と社会とが共有し，それぞれの学校において，必要な学習内容をどのように学び，どのような資質・能力を身に付けられるようにするのかを教育課程において明確にしながら，社会との連携及び協働によりその実現を図っていくという，社会に開かれた教育課程の実現が重要となる。（「小学校 学習指導要領（平成29年告示）」p.15）

　「学習指導要領」に「前文」が設けられたのは初めてのことですが、ここに掲げられた教育の根幹にかかわる内容は、ＥＳＤのそれと同様であると言っても過言ではありません。また、「育成すべき資質・能力の三つの柱」に示された（1）「学びに向かう力　人間性等（どのように社会・世界と関わり、よりよい人生を送るか）」、（2）「知識　技能（何を理解しているか　何ができるか）」、（3）「思考力・判断力・表現力等（理解していること・できることをどう使うか）」も、ＥＳＤが探究してきた「自律心、判断力、責任感など、人間性を育むこと」、「人・社会・自然環境との関係性を重視し、「関わり」「つながり」を尊重する感性を育むこと」、「持続可能な社会を構築する価値観の育成」、「体系的な思考力」、「代替案の思考力」、「行動の変容」といったことと同一線上にあると捉えられます。

　このようにＥＳＤと新しい学習指導要領が目指す教育は同じ一つのものであり、ＥＳＤが積み上げてきた教育の財産は、ＥＳＤのみならずこれからの我が国の教育をよりよきものにするための財産に他なりません。1953年6校、2005年16校だったユネスコスクールは、2018年には1116校を数え、

ＥＳＤはユネスコスクールを中心に、多くの実践が行われ、その教材研究、教材開発、実践研究において、多様な深化を遂げました。2019 年 12 月、国連は、Education for Sustainable Development: Towards achieving the SDGs（ESD for 2030）の決議を採択します。新型コロナウィルスのパンデミックの影響で 1 年延期された、立ち上げのための持続可能な開発のための教育（ＥＳＤ）に関するユネスコ世界会議が、2021 年 5 月 17 日から 19 日まで、オンラインで開催され、そこで採択された「持続可能な開発のための教育（ＥＳＤ）に関するベルリン宣言」は次のように謳います。

我々は、世界が直面している劇的で相互に関連する諸課題、とりわけ、地球上の生命を脅かす気候危機、生物多様性の大量喪失、公害、世界的感染症、極度の貧困及び不平等、武力紛争、並びにその他の環境・社会・経済的危機に対応するため、緊急行動が必要であることを確信している。こうした課題の緊急性は新型コロナウィルス感染症の世界的大流行によって増幅しており、我々が互いや自然との間のより公正かつ包摂的で思いやりのある平和的な関係に基づく持続可能な開発に向けた道に進めるために、根本的な変容が必要であると考える。

我々は、教育は、ものの考え方や世界観に好ましい変化をもたらす強力な手段であり、開発の軌道が地球を犠牲にした経済成長のみを志向するものではなく、地球システムの限界の範囲内でのあらゆる者のウェルビーイングを志向するものであることを保証しながら、経済、社会及び環境の持続可能な開発のあらゆる側面の融合を支えることができると確信している。（文部科学省ホームページ https://www.mext.go.jp/unesco/004/mext_01485.html から）

ここには、1945 年のユネスコ憲章から一貫して受け継がれてきた哲学があります。それは、学びの上に立った行動変容とそれを促す学びの力を育む教育の大切さです。

本書に載せられた論考は、いずれも執筆者自らの教育実践があっての論考であります。その各々の教育実践には、学びの主体である子ども達の笑顔があります。ＥＳＤの教育実践を通じて得られた財産が、ユネスコスクールのみならず、全ての教育において共有されることを期待します。

（奈良教育大学　学長　加藤 久雄）

目次

地球・地域課題を踏まえて多角的に取り組むSDGs

東京大学大学院教育学研究科附属海洋教育センター主幹研究員／銀杏倶楽部代表

及 川 幸 彦

1．ＳＤＧｓが提案された背景と必要性：グローカルな視点から

　　現在、地球上には、グローバル・イシューと呼ばれる様々な課題が、国境を越えて、環境、社会、経済の各分野で顕在化している。まさに、地球は持続不可能な危機に瀕し、人類はその生存を脅かされている。一方、日本においても、持続可能な社会を阻害する数多くの問題が存在している。ここでは、世界及び日本がＳＤＧｓに取り組むべき喫緊の課題について多角的に取り上げてみる。

⑴ 暴力や差別

　　世界各地に広がる紛争と暴力により、特にその中でも最も弱い立場にある多くの子供たちが危機に遭遇している。

　　紛争下に暮らす子供たちは、恐怖にさらされ、健康に育つ機会や教育を受ける機会を奪われている。紛争下の約2,700万人が学校に通えていない状況である[i]。また、

図1．人道危機に瀕している国々
出典：外務省・UNICEF「わたしたちがつくる持続可能な世界」

2015年には、約2,800万人の子供たちが紛争で故郷を奪われる事態となっている[ii]。子供だけで国境を越える数も増加していて、2015〜16年には約80カ国で少なくとも30万人が移動を強いられている[iii]。その移動には海での遭難、人身売買や暴力など多くの危険がともなう。加えて、2017年には、推定1億5,200万人の子供たちが働かされている状況にある[iv]。このため、十分な教育を受けることができず、その結果、大人になってからも貧困から抜け出すのが難しくなっている。さらに、2014年には、15歳未満で結婚した女性が世界に推定2億5,000万人いるとの報告がある[v]。この早期の結婚により、妊娠・出産のリスクが高まるほか、女性の教育機会が奪われることにより将来や次世代にも影響が及ぶことになる。

　　一方、日本においても身近なところで暴力や差別が存在する。その典型として「いじめ」があげられる。小・中・高等学校及び特別支援学校におけるいじめは、その認知件数、認知率ともに平成23年度以降、年々増加しており、特に平成27年度以降は急激に増加している。平成30年度の児童生徒1,000人当たりの認知件数は40.9件（前年度30.9件）であり、全校種で増加している[vi]。また、いじめの重大事態の発生件数は，平成30年度は602件であり，前年度に比べ128件（約27％）増加して，いじめ防止対策推進法施行以降で最多となっている。さらに、近年のSNS等の急激な普及により、インターネットを介した差別的・攻撃的な書き込みがトラブルやいじめに発展したり青少年が犯罪に巻き込まれたりする事例も数多く報告

されている。いじめは、暴力や差別の一環であり、子供の人権を守る意味でも日本のＳＤＧｓの取組としてより一層力を注いでいく必要がある。

虐待もまた、日本においては深刻な問題であり、特に子供に対する虐待は増加傾向にある。児童相談所への児童虐待相談件数は、令和元年では、20万件弱と近年急激に増加している。相談内容としては、身体的虐待とともに心理的虐待やネグレクトが増加している [vii]。この他にも、日本では、外国出身者へのヘイトスピーチや差別的な労働条件など、包摂的な社会とは程遠い現実も存在する。これらを解決せずして、誰もが安全安心で暮らせる平和で公正な社会の実現は成しえない。SDG16「平和と公正をすべての人に」の達成は、単に戦争のない世界ということではなく、人間の尊厳を脅かす日常的な課題も視野に入れて着実に取り組むことによって道筋が見えてくるものである。

⑴ 貧困と不平等

次に貧困と不平等の問題、特に子供の貧困とジェンダーの格差について考察してみる。

① 貧困の問題

2019年のデータでは、世界各地で年間520万人の子供たちが5歳前に死亡している [viii]。これは約6秒に1人、世界のどこかで幼い命が失われている状況である。また、極度の貧困状態下にある7億1,000万人のうち、子供は3億5,600万人に上る [ix]。最近では、新型コロナ

図2. 世界の5歳未満児の死亡率
出典：外務省・UNICEF「わたしたちがつくる持続可能な世界」

ウィルスによる経済悪化の影響で、さらに貧困に苦しむ人が増える可能性が指摘されている。さらに、5,900万人の小学校就学年齢の子供たちが、性別や貧困、障害などの理由によって学校に通えていない状況にある [x]。

一方、日本においても今「貧困」や「格差」が深刻な社会問題となっている。貧困というと発展途上国の問題ととらえがちであるが、貧困には2種類の指標あり、主に途上国で使われる「絶対的貧困率 [xi]」と先進国で用いられる「相対的貧困率 [xii]」とがある。日本の貧困は、「相対的貧困」である。

相対的貧困率の国際比較を見ると、日本の貧困率はOECDの平均を大きく上回り、経済的格差の大きい国となっている [xiii]。特にG7諸国で見ると、日本はアメリカについで相対的貧困率が高く、先進国の中では特に経済的格差が深刻な状況である。また、子供の貧困率に目を向けると、2018年で14.0%であり、7人の子供のうち1人が貧困家庭で生活しているということになる [xiv]。さらに、これが一人親の家庭になると、貧困率が2人に1人（48%）に大きく跳ね上がる。これは一人親の半分の子供が貧困にあるということを意味し、子供の環境としては大変深刻な状況である。

このように、貧困を海外の問題とだけ捉えるのではなく、日本及び地域や学校が抱える課題と認識し、ＳＤＧｓの目標1の「貧困を

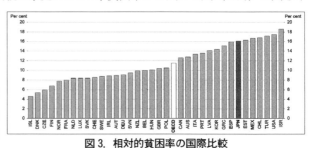

図3. 相対的貧困率の国際比較
出典：経済協力開発機構（OECD）対日経済審査報告書 2017年

なくそう」という目標を自分たちの足元から取り組むことで、だれも取り残さない「包摂的な社会」を実現していかなければならない。

② ジェンダー格差の問題

　一方、男女間の格差、すなわちジェンダーギャップも日本社会の大きな社会問題である。2021年の「Global Gender Gap Report 2021」によると、日本のジェンダーギャップ指数は、総合で120/156位であり、先進国はもちろん、アジア諸国や発展途上国を含めて世界の中で極めて低いレベルにある。G7の中では最下位で、他の先進諸国とは大きく水を空けられている。15年間の年次推移でみても、他の国々は年々指数を高めてギャップを解消しているのに対し、日本は改善の兆しが見えず、その格差は年々拡大するばかりである。分野別にみると、経済分野が117位、教育分野92位、健康分野が65位、そして政治分野に至っては147位とワースト10に入っており世界最低レベルと評価された。女性が政治に参画しない限り、女性の権利や地位の向上も、ジェンダー平等も実現することはできない。我が国でも「男女共同参画社会」が叫ばれて久しいが、現状は、日本がいまだにジェンダー平等には程遠い後進国であるということは、まぎれもない事実である。

　このような現実を踏まえると、日本においてＳＤＧｓの目標5「ジェンダー平等を実現しよう」は、喫緊かつ緊急の課題であり、早急に取り組むべきテーマである。

⑶ 気候変動と災害

　気候変動（地球温暖化）とそれと関連する災害も、人類が直面する深刻かつ喫緊の課題である。

　産業革命前と比較すると、現在に至るまでの人類の経済・社会活動での化石燃料消費に起因する二酸化炭素等の温室効果ガスの排出により、地球の平均気温は約1.2℃上昇した[xv]。特に、自動車は60年で10倍以上の14億台。化石燃料での電気消費量は70年で25倍以上になる。IPCC（気候変動に関する政府間パネル）の2013年報告書によると、このまま世界の各国が温暖化に対して何の対策も取らない場合、21世紀末には、平均気温が最大4.8℃上昇すると予測されている。たとえ、最大限の温暖化対策を取った場合（RCP2.6）でも、平均気温は最大幅で1.7℃上昇すると予測されている[xvi]。さらに、このまま平均気温が1.5℃上昇すると、北極圏の氷床が融けて温暖化が進み、それによってシベリアの永久凍土が融けることでメタンガス等の温室効果ガスが大気中に放出され、さらに温暖化が暴走して制御できない状況になるとの説もある。（Hothouse Earth 理論[xvii]）

　この気候変動の加速によって、地球環境と人間生活は重大な影響を受けることとなる。大気中の温室効果ガスが増え続けて温暖化が進み、グリーンランドや南極などの氷床の融解が進むことで起きる海面上昇が、島嶼国や沿岸部に大きな影響を与える。2019年には、524億トンの温室効果ガスが排出され[xviii]、5320億トンの氷床が融解したと言われる。これはいずれも観測史上最大である。

　一方、気候変動により世界各地で災害が多発化・甚大化している。頻発する干ばつや砂漠化、スーパー台風や洪水など、気候変動が原因で増加している災害で、やむなく移動を強いられる人、食糧危機にさらされる人が増えている。また、山林火災や干ばつも増え、動植物が絶滅したり生物多様性が失われたりしている。2019－2020年のオーストラリアの山火事では30億匹の動物が犠牲となり、2020年のカリフォルニアの山林火災では人々の健康被害が起きている。この年の世界の森林火災による森林の焼失面積は約63万㎢にのぼり、これは何と日本の面積の1.7倍に相当する。

災害は紛争と並んで、社会に急激かつ究極の持続不可能性をもたらす。災害列島と言われる日本は、近年、毎年のように甚大かつ多様な災害に見舞われ、多くの地域が人的・物的な被害を受けており、現在も被災地として復旧・復興の道を歩んでいる。特に、2011年3月に発生した東日本大震災は、M9.0、最大震度7の巨大地震の後に、最大波高30mを超える大津波も襲来し、さらには、原子力発電所の事故が発生して一瞬のうちに2万人を超える人命と40万人を超える人々の財産、そして多くのコミュニティを奪った。この巨大災害により、被災地はまさに「持続不可能な状況」に陥った。東日本大震災後の2015年に仙台市で「国連防災世界会議」が開催され、今後の防災の指針となる「仙台防災枠組」が採択された。その中で強調されたのが「より良き復興」（Build Back Better）である。

図4. 東日本大震災（気仙沼市）

　近年の日本における自然災害の傾向を見ると、気候変動の影響もあり、従来の災害と比較して多発化・多様化、激甚化、広域化しており、その発生や被害に明らかに違いがある。日本各地の被災地は、現在も「より良き復興」を目指して創造力と不断の努力をもって復興に取り組んでいる。このプロセスこそが持続可能な社会の構築であり、ＳＤＧｓの取組そのものであると言える。

⑷ 環境問題：海洋プラスティック問題

　人間の大量生産・大量消費活動に起因する環境問題も大きな課題である。近年、海洋プラスティックも環境問題として大きくクローズアップされてきている。その量は年々増え続けており、2050年には、海の魚の量を越えると言われている。また、分解されずに、波や紫外線で細かく砕けてマイクロプラスティックとなり、それが有害物質を付着させて魚や海洋動物等に取り込まれて生態系へ影響を与えたり、生物濃縮で魚介類を通じて人間の健康に影響を与えたりすることも懸念される。プラスティックが太陽光や水に触れる過程で、メタンガスを発生するとの研究結果もある[xix]。

　近年、日本の沿岸でも、プラスティックをはじめとする海洋ゴミが年々増え続け、景観のみならず海の生態系や人間の健康への影響が懸念されている。日本海側や北海道、九州、沖縄地方の沿岸には、中国やロシア、韓国、東南アジア等の外国から漂着した海ゴミも数多くみられる。逆に、ハワイやアラスカ、アメリカ西海岸、南アメリカ諸国などの太平洋沿岸では、東日本大震災の大津波によって日本から流失した海洋ゴミが数多く見つかっている。このうち、廃棄された漁網やビニールで海洋動物や海鳥が絡まったり、誤食等で命を落としたり、ペットボトル等がマイクロプラスティックとなり食物連鎖の中で海洋生物の体内に取り込まれたりすることなどが大きな問題となっている。

　この問題は、ＳＤＧｓの目標14「海洋及び海洋資源の持続可能な保全と活用」という問題にとどまらず、その解決に向けては、目標12の「持続可能な生産と消費」の問題としてとらえるべきであり、日本の生産及び消費の在り方や私たちのライフスタイルの転換が求められているのである。

２．ＳＤＧｓの達成に向けた教育

　以上のような深刻かつ複雑な地球規模での諸課題に対処するためには、新たな国際的な枠組みと連帯が必要不可欠との認識の下、人類はＳＤＧｓという新たなステージへと踏み出した。そのＳＤＧｓを達成するためには、主役である人材の育成、すなわち教育が重要であるとの共通認識が図られた。

図5．ESD for 2030
出典：UNESCO

　ＳＤＧｓでは、教育は目標4に位置付けられ、「すべての人に包摂的かつ公正な質の高い教育を確保し、生涯学習の機会を促進する」とされている。特にターゲット4.7では、「2030 年までに、持続可能な開発のための教育及び持続可能なライフスタイル、人権、男女の平等、平和及び非暴力的文化の推進、グローバル・シチズンシップ（略）の教育を通して、全ての学習者が、持続可能な開発を促進するために必要な知識及び技能を習得できるようにする」ことが掲げられている。

　しかしながら、教育は、単に目標4にとどまるものではない。国連の会議でも、「教育はすべてのＳＤＧｓの基礎」であり、「全てのＳＤＧｓが教育に期待」していると指摘されている。したがって、次のような視点からＳＤＧｓの達成に向けた教育を推進していく必要がある。
① 教育は、「持続可能な社会の担い手づくり」を通じて全てのＳＤＧｓの目標の達成に貢献する
② ＳＤＧｓに資する教育を推進することが、ＳＤＧｓの達成に直接・間接につながる
③ 教育は、全てのＳＤＧｓの実現の鍵（Key enabler）である
④ ＳＤＧｓの達成に向けては、ＳＤＧｓに資する教育、すなわちＥＳＤの一層の推進が重要である

３．ＳＤＧｓの多角的・連関的アプローチ

　このような観点からＳＤＧｓを推進する際には、ＳＤＧｓの各目標と目標4の「教育」を融合させることにより、ＳＤＧｓへの連関的かつ包括的な取組の展開や貢献が期待できる。

　例えば、目標14の「海洋」と目標4の「教育」を掛け合わせることで、持続可能な海洋資源の保全や活用についての学び、すなわち「海洋教育」が展開され、また、

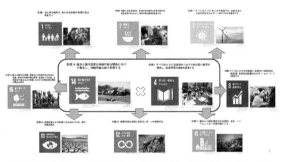

図6．ＳＤＧｓへの海洋からの多角的・連関的アプローチ

その探究過程の中で、海水温の上昇による気候変動（目標13）激化やそれに伴う災害の激甚化（目標11等）、そして、陸上の生態系への影響（目標15）などに向き合うこととなる。さらに、海の生態系の変化や乱獲による水産物の枯渇等の食糧不足（目標2）、洋上風力や波力発電等のエネルギー開発（目標7）、そして海洋プラスチック問題を生む持続可能な生産と消費（目標12）、さらには、水産業や海洋関連産業の振興による貧困の解消（目標1）や雇用（目標8）の問題などに発展する。このように、教育はＳＤＧｓの各目標をつなげる役割を果たすとともに、そのつながりを可視化し多角的かつ連関的に取り組むことを強化するものであり、「ＳＤＧｓの達成の鍵」（Key Enabler）となるものである。

４．地域に根差したＳＤＧｓの取組

　各地域でも、地域の特性や課題を踏まえて個性豊かなローカルＳＤＧｓが展開されるようになってきた。

(1) ローカル版ＳＤＧｓの推進：大牟田版ＳＤＧｓ

　福岡県の大牟田市では、「持続可能な大牟田のまちづくり」をめざして、大牟田がこれまで市を挙げて取り組んできた持続可能な開発のための教育（ＥＳＤ）と地域の多様な主体とのパートナーシップを基盤に大牟田らしいＳＤＧｓを展開している。学校や地域の課題解決を大切にしたＳＤＧｓを推進することをめざし、大牟田のよさや地域課題を踏まえて、ＳＤＧｓの目標を選択・集中して重点的に取り組んでいる。

　この地域に根差したＳＤＧｓを推進するために、大牟田市では「大牟田版ＳＤＧｓ」を開発した。大牟田がこれまで先進的に取り組んできたＥＳＤを基軸とする目標４「教育」と多様なステークホルダーと構築してきた目標17「パートナーシップ」を基盤に、大牟田が優先的に取り組むべき課題を踏まえて、重点目標を

図7. 大牟田版ＳＤＧｓ
出典：大牟田市教育委員会

８つに焦点化したアクションプランを作り地域の文脈に沿って具体的な活動を展開している。具体的には、大牟田市立学校全校がユネスコスクールに加盟し、ＳＤＧｓ達成に資するＥＳＤを実践するとともに、「ＳＤＧｓ大牟田マップ」や「ＳＤＧｓステッカー」を作成して市民に配布するなど地域を巻き込んだＳＤＧｓを展開している。これが評価され、2019年に「ＳＤＧｓ未来都市」、2020年に国連大学「ＥＳＤの地域拠点（RCE）」に認定された。

(2) 多様な主体の参加と協働によるＳＤＧｓ：気仙沼ＥＳＤ円卓会議

　東日本大震災の被災地でもある宮城県気仙沼市も長年にわたり、教育（ＥＳＤ）や食、環境を中心に「持続可能な街づくり」の取組を積み重ねてきた。その特徴は、地域内外の多様な主体が参画・協働するマルチステークホルダーによるＳＤＧｓ・ＥＳＤである。その象徴が「気仙沼

図8. 気仙沼ＥＳＤ円卓会議

ＥＳＤ円卓会議」で、東日本大震災を経ても途絶えることなく20年近く継続・発展してきた。その機能として次の３点があげられる。

① 地域実態や国の動向、世界の潮流など最新の教育の動向やＳＤＧｓの情報を獲得し共有する
② 学校、企業、行政、ＮＰＯ等の多様な主体が連携して地域の課題やＳＤＧｓの実践を学びあう
③ 人づくり（ＥＳＤ）の観点から、環境や防災・復興、街づくり等、時代時代の地域課題を議論し、地域づくり、すなわちＳＤＧｓの方向性や可能性を共有する

これが、多様な主体の参画と協働による ESD for SDGs の豊かな学びの創造へとつながっている。

5．ＳＤＧｓを推進する視点

最後に、世界や地域の取組を踏まえて、ＳＤＧｓを推進するポイントについてまとめてみる。

(1) ＥＳＤ推進におけるＳＤＧｓの捉え方・考え方

まず大切なことは、自分たちのＥＳＤの様々な活動が、国際的に整理された目標であるＳＤＧｓの 17 の目標にどのように貢献しているのかを考えることである。それによって次の効果が生まれる。
① ＳＤＧｓによって自分自身のＥＳＤの活動に新たな意義や価値付けを行うことができ、ＥＳＤの目標や内容（SD）を明確化することができる
② ＳＤＧｓは人類共通のグローバル目標であり、それを意識してＥＳＤに取り組むことは地域に根差した身近な活動が世界につながることであり、地球規模の課題解決に貢献することができる
③ 学校や地域で、ＳＤＧｓの達成をめざしながら自覚と誇りをもって足元の課題解決を大事にしていくことが、ＥＳＤを推進していくことの道標となる

(2) ＳＤＧｓの達成に資するＥＳＤ（ESD for 2030）の視点

① 持続不可能な諸課題は、海外だけではなく国内や地域にも存在することを意識する
② それらの課題は、ＳＤＧｓの目標と相互に関連していることを地域の課題に即して認識する
③ 諸課題を理解するだけの学習ではなく、その課題解決向けて地域から世界への行動を促す
学校教育や社会教育、企業、市民レベルでの人材育成を通して生涯にわたって持続可能な社会の創造に向けた実践意欲を喚起し、持続的・発展的に取り組む。

このようにＳＤＧｓの達成に向けては、地球規模の課題を意識しながらも、地域の文脈に即しながら足元の地域の課題にも向き合い、着実に解決していくことが重要である。この地域に根差した課題克服の歩みこそが、その国が抱える課題の解決、そしてグローバルな課題解決へとつながり、ＳＤＧｓの達成に貢献していくことになる。まさしく、ＳＤＧｓの達成には、"Think Globally, Act Locally"（地球規模で考え、足元から行動する）で取り組む視点が重要なのである。

≪参考・引用文献等≫

i Education Uprooted, 2017, UNICEF

ii Uprooted: The growing crisis for refugee and migrant children, 2016, UNICEF

iii A Child is a Child: Protecting children on the move from violence, abuse and exploitation, 2017, UNICEF

iv Global Estimates of Child Labour - RESULTS AND TRENDS, 2012-2016, ILO, 2017

v Ending Child Marriage: Progress and prospects, 2014, UNICEF

vi 文部科学省「平成 30 年度児童生徒の問題行動・不登校等生徒指導上の諸課題に関する調査結果の概要」

vii NPO 法人 児童虐待防止全国ネットワーク「統計データ 虐待相談対応件数」(令和元年)

viii Levels and Trends in Child Mortality 2020, UNICEF

ix Global Estimate of Children in Monetary Poverty: An Update, World Bank Group and UNICEF, 2020

x New Methodology Shows 258 Million Children, Adolescents and Youth Are Out of School, UNESCO, 2019

xi 必要最低限の生活水準を維持するための食糧・生活必需品を購入できる所得・消費水準に達していない絶対貧困者が、その国や地域の全人口に占める割合。世界銀行では貧困ラインを 1 日の所得が 1.90 米ドルとしている。

xii OECD が定めた指標で、等価可処分所得（世帯の可処分所得を世帯人数の平方根で割って算出）の全人口の中央値の半分を貧困線と定め、それ未満の世帯員の全人口に占める割合。国によって貧困線は異なる。

xiii 経済協力開発機構（OECD）対日経済審査報告書 2017 年

xiv 厚生労働省「2019 年 国民生活基礎調査の概況」

xv Neukom and collaborators, 2019

xvi 国連気候変動に関する政府間パネル (IPCC) 第 5 次評価報告書（2013）

xvii Will Steffen, Johan Rockström 他 (2018) "Trajectories of the Earth System in the Anthropocene"

xviii オランダ環境評価庁 "Trends in Global CO 2 and Total Greenhouse Gas Emissions, 2020 Report"

xix Sarah-Jeanne Royer 他 (2018) "Production of methane and ethylene from plastic in the environment"

ＥＳＤとしての平和教育
―価値観はどのように育まれるのか―

大分大学　専任講師　河　野　晋　也

　持続可能な社会を形成する上で、教育に期待される役割は非常に大きい。

　2019 年に国連総会で承認された「持続可能な開発のための教育：ＳＤＧｓ実現に向けて（ESD for 2030）」では、ＥＳＤがＳＤＧｓの 17 のゴール全ての実現に貢献することが明記されている。この枠組みを受けて策定された『我が国における「持続可能な開発のための教育（ＥＳＤ）」に関する実施計画（第 2 期ＥＳＤ国内実施計画）』には、ＥＳＤの実践を通して習得された知識、技能、価値観を行動変容に生かすことが、ＳＤＧｓの達成につながると述べられている。持続可能な社会づくりに向けた行動変容をもたらすため、ＥＳＤにおいてはどのように知識や技能を育むかだけでなく、どのように価値観を育むかを考えていく必要がある。

　一方で、ＥＳＤが価値観と行動の変容を目指す教育ということを意識すればするほど、筆者の頭には次のような疑問が浮かぶ。人の価値観というものは、そう簡単に変えることができるのだろうか。もし変えることができたとして、他者が人の価値観を変えてしまってよいのだろうか。どのような価値観の変容をＥＳＤは目指しているのか。そんなことを考えるたびに、思い出すのは自分が受けてきた平和教育の話だった。ここでは、筆者自身が経験してきた平和教育を振り返りながら、どのように子どもたちの価値観が育まれていくのかを考えていきたい。

1. 平和とは何か

　平和教育の話をする前に、平和とは何か、改めて考えてみたい。ＳＤＧｓに関心がある皆さんに平和の話をすると、5 つのＰとか、目標 16 のことを思い出されるかもしれない。5 つのＰとは、2015 年国連サミットで決議された『われわれの世界を変革する：持続可能な開発のための 2030 アジェンダ』の序文に示された 5 つの概念（人間：People、地球：Planet、繁栄：Prosperity、平和：Peace、連帯：Partnership）であり、その頭文字をとってこのように呼ばれている。5 つのＰは、持続可能な開発のために我々がなすべきことについて、決意として示しており、特に平和については次のように示されている。

　　　我々は、恐怖及び暴力から自由であり、平和的、公正かつ包摂的な社会を育んでいくことを決意する。平和なくしては持続可能な開発はあり得ず、持続可能な開発なくして平和もあり得ない。

　後半に書かれているように、持続可能な開発と平和とは表裏一体であり、平和について学ぶこととＥＳＤとの関連は大きい。ただし、ここには戦争や核兵器といった表現は見られず、「恐怖及び暴力からの自由」こそ平和であると読み取ることができる。このことは我々日本人が受けてきた平和教育の場面で語られる平和とは少し違っているように見える。

平和を「暴力がない状態」と定義付けたのは、J. ガルトゥングというノルウェーの社会学者である。彼がいう暴力とは、身体を傷つけるような直接的な暴力だけではない。ガルトゥングは、暴力を「可能性と現実とのあいだの、つまり実現可能であったものと現実に生じた結果とのあいだのギャップを生じさせた原因」と捉え、（政治的）抑圧、（経済的）搾取、（文化的）疎外という３つの形態があると考えた。

　暴力行為をはたらく加害者が、はっきりと個人や集団に特定できないような暴力、社会構造を原因とする暴力のことを構造的暴力という。直接的暴力の行為者は、具体的な個人や集団であり、その最も顕著な例が戦争や地域紛争であるが、構造的暴力は、構造に組み込まれており、抑圧や搾取と言う不平等な力関係として現れる。

　ＳＤＧｓの序文で語られる平和とは、こうした構造的な暴力も考慮した、広い意味での平和（積極的平和）のことである。目標16「平和と公正」も同様だ。目標16は「持続可能な開発のための平和で包摂的な社会を促進し、すべての人々に司法へのアクセスを提供し、あらゆるレベルにおいて効果的で説明責任のある包摂的な制度を構築する」ことをテーマとしている。構成する11個のターゲット（図１）を見ると、例えば16.1には「すべての形態の暴力」を対象としていることが明記されている。他の項目を見ても、虐待やテロリズムなどの直接的暴力だけでなく、子どもに対する搾取や取引、司法への平等なアクセス、参加型の意思決定といった公正を重視する目標となっている。

　こうした平和な社会を形成する人を育てることが平和教育だとすれば、私たちはどのような教育を実践していけばよいのだろう。

16.1　あらゆる場所において、すべての形態の暴力及び暴力に関連する死亡率を大幅に減少させる。

16.2　子どもに対する虐待、搾取、取引及びあらゆる形態の暴力及び拷問を撲滅する。

16.3　国家及び国際的なレベルでの法の支配を促進し、すべての人々に司法への平等なアクセスを提供する。

16.4　2030年までに、違法な資金及び武器の取引を大幅に減少させ、奪われた財産の回復及び返還を強化し、あらゆる形態の組織犯罪を根絶する。

16.5　あらゆる形態の汚職や贈賄を大幅に減少させる。

16.6　あらゆるレベルにおいて、有効で説明責任のある透明性の高い公共機関を発展させる。

16.7　あらゆるレベルにおいて、対応的、包摂的、参加型及び代表的な意思決定を確保する。

16.8　グローバル・ガバナンス機関への開発途上国の参加を拡大・強化する。

16.9　2030年までに、すべての人々に出生登録を含む法的な身分証明を提供する。

16.10　国内法規及び国際協定に従い、情報への公共アクセスを確保し、基本的自由を保障する。

16.a　特に開発途上国において、暴力の防止とテロリズム・犯罪の撲滅に関するあらゆるレベルでの能力構築のため、国際協力などを通じて関連国家機関を強化する。

（図1）目標16を構成するターゲット

2. 従来の平和教育と長崎でHさんから学んだこと

　読者の方の中には小学生や中学生のころに平和教育を経験した方も多くいらっしゃるだろう。長く日本の平和教育では、ヒロシマ・ナガサキ・オキナワについての学習を中心とした反戦平和教育が実践されてきた。現在でも平和教育と言えばこうした教育をイメージするこ

とが多い。

　伝統的な平和教育は、その形骸化が繰り返し問題視されてきた。竹内 (2011、79) は、従来のような戦争の悲惨さを伝えることに注力した実践では、どのように戦争やテロなどの暴力を非暴力的に解決できるかという問いに答えることが難しいと述べている。また岡本 (1993) は「もし、平和問題についての知識は豊富で、ヒロシマ・ナガサキの歴史と経緯についてはそらんじているほどだが、愛の奉仕、弱者への配慮、動物や環境へのやさしい態度については無知、無為、無関心という人間しか生み出せない平和教育だとしたら、国際的には通用しません。」と述べ、知識を強調する余り平和的ライフスタイルの学習という視点を欠いていたと問題視する。「繰り返しが多く、いうことが教条的でうんざりだった。」という大学生の感想を紹介し、知識として戦争について学ぶことが必ずしも平和的感性を培うわけではないと述べている。

　筆者もこれまで小中学校と平和教育を受けてきた。小学校で広島に修学旅行に行き、被爆体験を聞いたり遺構巡りをしたりした。夏休み中には一日だけ登校する日があって、戦争に関するビデオを見たり話を聞いたりしたことを覚えている。そういう日はこわくてたまらなくて、布団の中でなかなか眠りにつけずにいたものだった。

　ところが、中学生になって長崎へ修学旅行に行ったことをきっかけに、平和教育についてそれまでとは違った印象をもつようになっていった。

　長崎では、グループごとに被爆者の方が付いて爆心地周辺の被爆遺構を案内してくださった。筆者のグループを案内してくださったHさん（享年81）は被爆当時14才、工業高校の3年生で、長崎港外の川南造船所で学徒動員中に原爆が投下された。そのときは大きなけがなく済んだが、お兄さんを探すために、翌10日早朝から爆心地に入ったそうだ。

　Hさんは案内しながら、爆心地付近の様子を話してくれた。「いま歩いているところは、もう足の踏み場がないくらいだった」「この川は動かない人で埋め尽くされていた」と当時の様子をまるで昨日見たことのように話してくれた。被爆体験はその人にとって最もつらい過去であり、身内にも話せないという方も多い。しかし、Hさんは普段と変わらぬ様子で淡々と話し続けているように（そんなわけはないのだが）、当時の筆者の目には映った。曖昧な記憶ではあるが、たしか一人の友だちが「それを見てどんな気持ちだったのですか」というような質問をした。そんなこと聞いていいのかなと一瞬思ったが、たしかにHさんの話しぶりを見ていると尋ねたくなるな、と納得したので覚えている。Hさんからは、「そういう状況だったから、かなしいとか、つらいとか、そういう感情がなくなってしまう。なにも考えられなくなる。」というような返事だった。

（図2）Hさんに案内してもらった浦上天主堂（爆心地から約500m）。手前は爆風によって崩れ落ちた旧鐘楼

　長崎から帰った後も、もっと長崎の原爆のことやHさんのことを知らなきゃいけないと感じて、Hさんとは個人的に手紙のやり取りをするようになり、もう一度被爆遺構めぐりをしてほしいと長崎を再訪するようになり、最終的には長崎の大学院に進学して平和教育について勉強することにした。長崎で過ごした2年の間には、Hさんが案内する修学旅行ガイドに同行させてもらいながら、Hさんにたくさんのことを教えていただいた。そのときにもHさんは「自

分で判断ができなくなる」「正しい判断ができなくなる」という話をよくしてくれた。

　筆者が長崎で学ぼうと思ったり、平和教育に関心をもったりしたのは、このHさんの話を聞いて純粋にこわいと感じたからだ。それは、戦争は良くない、核兵器は恐ろしいということを学んでいた小中学校での平和教育や、ビデオを見て感じたこわさとは少し違ったものである。

3．価値観が変わってしまうというこわさ

　たくさんの命が一瞬で消えてしまうことはとてもおそろしい。でもそれ以上に筆者がこわいと感じたのは、戦争中や原爆によって、心の感じ方、価値観が大きく変わってしまうことである。戦争という異常な状況の中で、人は正しい判断ができなくなってしまう。憎しみに駆られて、命の重さを感じることができなくなり、戦争することをよしと考えてしまうこともある。時代が時代なら、自分もそう考えるようになっていたとしても不思議ではない。そう思うとこわくてたまらない。Hさんは、被爆体験を話すことで、筆者に原爆の被害についての知識もあたえてくれたが、価値観を育むということの大切さや難しさも同時に教えてくれていたのだと思う。

　価値観というものは自分の行動を決定づけるとても重要なものだが、自分で修正していくことが非常に難しいものだと考えている。自分の価値観を冷静に見直して、改めるということがなかなかできない。なぜなら、価値観は（戦争のように無理やり価値観を捻じ曲げてしまうようなことがなければ）、日常生活の中でいつの間にか身に着くものだからである。しかも、その価値観のおかげで日常生活をうまく送ることができているわけだから、「私の価値観は間違っているかも…」なんて疑うことは通常あまりない。頻繁に疑い始めてしまうと、自分の行動に自信をもてなくなり、日常生活に支障をきたすことにもなるだろう。だから、自分の価値観を客観視したり、問題があるからと意図的に変えたりすることは難しい。しかも、たいていの場合集団の価値観は似通ってくる。右を見ても左を見ても、似たような判断をしている人ばかりだから、ますます自分の判断を疑うことは難しくなる。

　もし、歴史的に価値のある文化遺産や美しく豊かな自然が地域にあったとして、そのすばらしさを見出す価値観が、人々の中から失われてしまったら、どうなるだろう。いつの間にか、その文化遺産や自然環境は次々と失われ、壊されていくかもしれない。壊されている最中、"かけがえのない大切なものが失われている"と惜しんだり感じたりすることさえできず、失われていくことに気付くこともできないかもしれない。実際にこれまで数多くの、貴重な文化遺産、自然遺産がその価値を見出されることなく、喪失していった。それらは二度と元に戻すことはできない。ものごとの価値に気づくことができ

（図3）1300年の歴史を持つ世界遺産も、自然に残っていたわけではない。その価値を見出して、大切にしようとする人がいるから、1300年以上受け継がれてきたと言える。

ないということは、とてもおそろしいことだ。だから、ESDも平和教育も、その軸となるのは子ども達に社会の担い手としての価値観を育むことなのだと考える。

　現代社会に山積する地球規模の課題も、もとをたどれば私たちの価値観がそういう社会を

よしとしてしまったことに原因があるのではないか。高度経済成長以降、私たちはもっと便利に・もっと早く・もっと安全に・もっと安く・もっと快適な生活を追求してきた。そういう価値観が生活を幸せにしていくものだと信じ、自分たちの価値観が誤っていることに気付くことができなかったのではないか。多くの人は、環境問題について知識としては知っていたかもしれない。しかし、知識として知っていただけで、価値観の変容は起こせなかったのではないか。だからライフスタイルや行動の変容をもたらすことはできなかったのではないか。結果、気候変動はもう取り返しがつかないところまで来てしまっている。

4．価値観はどうやって育まれるか

　知識として知るだけでなく、行動の変容を生み出すために、私たちはどのように子ども達の価値観を育んでいけばよいのだろう。筆者は、いくら自分が正しいと信じていても、世間一般に正しいと思われることであったとしても、一方的教条的に伝えることは価値観の変容にはつながらないと考えている。

　先に書いた通り、私たちは自分の価値観が正しいと信じて生活している。しかも、その価値観が本当に正しいのかどうかを、自分で客観的に判断することは、とても難しい。実際には、教師自身の価値観が誤っている可能性だってあるのだから。絶対的に正しい価値観というものは、そもそもないのかもしれない。このように考えると（やはり）、たとえ一般的に正しいとされている価値観であっても、教条的に価値を注入することは避けるべきである。例えば、私は核兵器を廃棄すべきだと思うし、それが正しいと信じている。でも、世の中にはそう感じない人もいる。彼らの価値観を受け入れることはできなくても、自分とは違う価値観をもつ人が"いる"ということは、受け入れる必要がある。彼らの存在を認められなければ、対話は生まれないし、自分の価値観を押し付けるという、非常に平和的でない手段で、平和を伝えることになる。

　また別の理由として、一方的な価値観の伝達は、学習者に定着しがたいという点でも問題がある。学習者は日常生活の中で自然と価値観を身に着けていくと述べた。普段その価値観にしたがって生活しており、むしろ日常生活を送る上では都合がよい。実感を伴って経験的に正しいと感じている価値観は、強固で変容しがたい。そんな価値観をもっている子どもたちに、こちらの方が正しいからといって新たな価値観を伝えたとしても、それは「そう考えることが正しいのだ」といった程度の知識として習得されるにとどまり、ＥＳＤがめざす行動に影響を与えるような価値観の変容には至らないのではないか。そのように考えると、「命を大切にするべきだ」という根本的な価値観であったとしても（根本的な価値観だからこそ）、教条的に教え込むことは望ましいとは思えない。

　では、一方的に伝達することが適切な方法ではないとすれば、私たちはどのように価値観を育むことができるのだろう。人間がどのように学ぶかを研究する学習科学という分野では、同じように強固な認識（思い込み）をいかに転換させるかが研究されている。そこでは、子どもたちに認知的葛藤を引き起こすことで、もともともっている考えの不十分さに自ら気が付き、新たな考えに転換するという。

　この考え方を価値観の変容に活かすことはできないだろうか。つまり、価値観は教師が変容させるものではなく、あくまで子どもたちが自分で変えていくものだと考えるのだ。教師がすべきことは、「こういう価値観が正しい」と伝えることではなくて、子ども達に認知的葛藤を引き起こすような、他者との出会いの場を設けること、そして子どもたち自身が自分の感じ

方や価値観をふりかえるチャンスをつくりだすことだ。

　自分の考えとは違う他者と対話を重ねることによって、自分の考えや価値観が揺さぶられ、客観的に吟味していくことができる。そんな、ものごとの価値を語り合う場を設けることがＥＳＤや平和教育を実践する教師の大切な仕事なのではないだろうか。そうやって子どもの価値観が育まれる場を設定する教師自身も、子どもたちと対話することを通して自分の価値観が揺さぶられ、変容していくのかもしれない。

5．おわりに
平和教育をＥＳＤとして実践する

　ここまで述べてきたように、平和教育においても、ＥＳＤで重視される価値観と行動の変容をもたらすことは重要な目標になる。毎日6時間以上も過ごす学校は、子どもたちが価値観を育む上で、家庭に次いで重要な場所だ。教員のふるまいが子ども達の価値観に影響を与えてしまうこともあるだろう。先生という仕事の責任がいかに大きいかがわかる。自分が満足のいく仕事ができていたかと言われたら返答に窮するが、だからこそ私たち教員は、どのように価値観と行動の変革をめざすのか、を真剣に考えて実践を行う必要があると思う。

　Ｊ．ガルトゥングは、直接的暴力と構造的暴力を定義づけた後、1990年代に入って、もう一つ文化的暴力というものを想起した。文化的暴力は、直接的暴力や構造的暴力を正当化し、支える働きをもつ。例えば、戦争を容認する意識や、差別に気付いた時に無関心な態度をとることも、結果的に直接的暴力や構造的暴力を助長することになるので、文化的暴力とみなすことができる。これはまさにこれまで述べてきた、転換されるべき価値観と考えることができる。文化的暴力を転換し、平和な社会・持続可能な社会の担い手としての価値観を育むことが、ＥＳＤとしての平和教育の目的だと考えられる。

　従来の平和教育で実践されてきた戦争に焦点化した取り組みは確かに課題もあるが、重要な題材である。核兵器や戦争、地域紛争の問題を解決することは、たとえＳＤＧｓに明記されていなくても、持続可能な社会づくりのために達成しなければならない目標であることは間違いない。ただ、持続可能な社会を形成するためには、多様な問題を個別に取り扱うのではなく、相互に関連づけて取り組んでいくことが必要になる。戦争だけでなく、環境、国際理解、人権と様々な問題に目を向けていく必要がある。そこでは、個別の知識を習得するのではなく、持続可能な社会、平和な社会の担い手としての価値観を形成していくこと、文化的暴力を育てないことが、ＥＳＤとしての平和教育の核となるのではないだろうか。

【参考文献】

岡本光夫（1993）「平和学を創る－構想・歴史・課題－」，（財）広島平和文化センター

Ｊ．ガルトゥング (1991)「構造的暴力と平和」，中央大学出版部

Ｊ．ガルトゥング (2003)「ガルトゥング平和学入門」，法律文化社

栗原久 (2007)「学習者の素朴理論の転換をはかる社会科授業の構成について－山小屋の缶ジュースはなぜ高い－」日本社会科教育学会『社会科教育研究』No. 102, pp.62 － 75

佐渡友哲 (2019)「ＳＤＧｓ時代の平和学」，法律文化社

竹内久顕編著 (2011)「平和教育を問い直す　次世代への批判的継承」，法律文化社

丸野俊一 (1994)「素朴理論」日本児童研究所編『児童心理学の進歩（1994年版）』金子書房

人権教育をあえてしなければならない歪な社会
—ハンセン病を学ぶ事例からの ESD へのアプローチ—

東京大学大学院教育学研究科附属海洋教育センター　特任研究員　嵩　倉　美　帆

1．人権をテーマにした教育のあり方

　昨今、多様性を重んじる教育実践がさまざまに行われてきている。これまでも様々な課題に向き合う実践は数多くあったが、しかし、これまで認識されてこなかった多様な価値観が認められていくなかで、これまでの課題とは別の新たな課題に向き合わざるを得ない社会が、今を生きる子どもたちの目の前にはある。その社会は、「人間が人間として生きられるという当たり前の権利」が尊重されるべき社会であると思う。学校教育においてもさまざまな実践がおこなわれているものの、実際は学校という限られた「社会」を卒業したその後の荒波においてこそ、この教育の成果、真価が問われる。

　そもそも人権とは何か。人権教育とは何か。人権とは、「『人間の尊厳』に基づく人間固有の権利」（平成 11 年人権擁護推進審議申）とされている。また、人権教育とは、「人権尊重の精神の涵養を目的とする教育活動」（「人権教育及び人権啓発の推進に関する法律」（平成 12 年法律第 147 号）第 2 条）であり、「国及び地方公共団体が行う人権教育及び人権啓発は、学校、地域、家庭、職域その他の様々な場を通じて、国民が、その発達段階に応じ、人権尊重の理念に対する理解を深め、これを体得することができるよう、多様な機会の提供、効果的な手法の採用、国民の自主性の尊重及び実施機関の中立性の確保を旨として行われなければならない。」（同法第 3 条）と明記している。『令和 3 年度版人権教育・啓発白書』によれば、課題として、女性、子ども、高齢者、障がいのある人、部落差別（同和問題）、アイヌの人々、外国人、HIV 感染者等、ハンセン病患者・元患者・家族、刑を終えて出所した人、犯罪被害者等、インターネットによる人権侵害、北朝鮮当局による拉致被害者等、その他の人権課題（ホームレスの人権及びホームレスの自立の支援等、性的指向・性自認（性同一性）に関する人権、人身取引（性的サービスや労働強要等）事犯への適切な対応、東日本大震災に伴う人権問題）が挙げられており、そして新型コロナウイルス感染症に関連して発生した人権問題の対応にもふれられている。さらに、文部科学省では、平成 15 年（2003 年）、「人権教育の指導方法等に関する調査研究会議」が設置され、「人権教育の指導方法等の在り方について〔第三次とりまとめ〕」（平成 20 年 3 月人権教育の指導方法等に関する調査研究会議）（以降、〔第三次とりまとめ〕と明記）が策定された（これは平成 16 年 6 月、平成 18 年 1 月に続くものである）。そしてこれを全国の国公私立学校や教育委員会等に配布するなどをし、調査研究の成果普及に努めている。

　以上のような人権教育は道徳教育とは区別して捉えられるものの、共通するところもあるためか、無自覚に混同し捉えられている場合やほぼ同義として捉えられている場合等がある。

　道徳教育とは、学校教育活動全体を通して行われるものであり、その要として「特別の教科　道徳」が設定されている。小学校学習指導要領（平成 29 年告示）においては「特別の教科　道徳」の目標を、「よりよく生きるための基盤となる道徳性を養うため、道徳的諸価値

についての理解を基に、自己を見つめ、物事を（広い視野から）多面的・多角的に考え、自己（人間として）の生き方についての考えを深める学習を通して、道徳的な判断力、心情、実践意欲と態度を育てる。（括弧内は中学校）」と明記されている。学習指導要領前文においても、「個人の価値を尊重」、「正義と責任」、「自他の敬愛と協力」、「あらゆる他者を価値のある存在として尊重」等と人権教育にもかかわる記述があるため、人権教育が補完できる部分は大いにある。

　学校教育において人権教育を実践していくにあたっては、「（略）様々な人権課題の中から、子どもの発達段階等に配慮しつつ、それぞれの学校の実情に応じて、より身近な課題、児童生徒が主体的に学習できる課題、児童生徒の心に響く課題を選び、時機を捉えて、効果的に学習を進めていくことが求められる。各教科等の学習において個別の人権課題に関わりのある内容を取り扱う際にも、当該教科等の目標やねらいを踏まえつつ、児童生徒一人一人がその人権課題を自分の問題としてとらえ、自己の生き方を考える契機となるような指導を行っていくことが望ましい。」（［第三次とりまとめ］実践編）とされていることからも、学校教育全体では両者を連関させながら、そしてまた、家庭や地域など学校外との連携を欠かすことなく実践していくことが肝要である。

２．ハンセン病にかかわる実践の検討事例

　前章で挙げたように、人権教育にはさまざまな課題があるが、ここでは「ハンセン病」にかかわる事例を取り上げたい。

⑴ 人権課題として「ハンセン病」が取り上げられるまでの経緯

　まず、ハンセン病にかかわる法律が制定された流れをみていこう。明治40年（1907年）、日本で初めてのハンセン病対策法として「癩予防ニ関スル件」が交付され、1909年4月1日より施行された。日本が文明国家としてみなされるためにはハンセン病患者が神社や寺の界隈で浮浪者のように居られては「外観上」困る、つまり、諸外国側から日本国家へ向けられる人道的非難への対策でもあり、また放浪患者等を救済するためでもあった。ようやく全国5カ所に公立の療養所が作られる（1909年）。しかし、大正5年（1916年）には一部改定があり、療養所長に懲戒検束権が与えられたために、救済の視点より強制収容の視点が強化されてしまった。そのような中、昭和4年（1929年）頃からは、官民一体となって隔離を推進する「無癩県運動」が国内各地で進められた。昭和6年（1931年）には「癩予防ニ関スル件」が改定され「癩予防法」として施行されると、ますますその運動は加速していったのである。日本では昭和24年（1947年）からアメリカで開発された治療効果のあるプロミンという薬による治療が始まっていった（昭和18年にはその効果が確認されていたが、太平洋戦争のため輸入が遅れた）が、その4年後の昭和28年（1958年）、「癩予防法」を一部改正した「らい予防法」が制定される。同法には強制隔離の基本的な方針や懲戒規定はそのまま残っており、本当の意味での解決にはなっておらず、時代の流れに取り残されてしまっていた。それから38年もの月日が流れ、ようやく平成8年（1996年）に廃止されることとなる。同時に、「らい予防法の廃止に関する法律」も制定された。同年3月25日の衆議院厚生委委員会の「らい予防法の廃止に関する法律」附帯決議において、政府は、「深い反省と陳謝の念に立って、次の事項について、特段の配慮をもって適切な措置を講ずるべき」であるとし、学校教育においても次のように言及している。「3 一般市民に対して、また学校教育の中でハンセン病に

関する正しい知識の普及啓発に努め、ハンセン病に対する差別や偏見の解消について、さらに一層の努力をすること。」と。そして、「らい予防法」の廃止（平成8年）と「らい予防法国賠訴訟（らい予防法違憲国家賠償請求訴訟）」（平成13年）が背景となり、平成14年（2002年）に策定された人権教育及び啓発に関する「基本計画」において、ようやく「ハンセン病」が課題にあがったのである。

⑵ 検討事例—平成25年（2013年）11月福岡県、ある公立小学校の事例

　（文部科学省（2020）「福岡県内の公立小学校におけるハンセン病の授業に関する事案（概要）」より一部引用）

　平成25年（2013年）11月、福岡県内の公立小学校6年生の学級児童12人を対象に、社会科において「ハンセン病に対する差別について考える」という内容で、ティームティーチング（T1：人権教育担当教諭 T2：学級担任）の形態で授業が実施された（使用教材は、人権教育担当教諭が自ら作成）。概要は次のようである。「授業の冒頭で過去に『風邪といっしょで、菌によってうつる』、『手足の指とか身体が少しずつとけていく』などという誤った認識に基づいて患者が差別された経緯を紹介」し、翌月には、「学級担任が児童に感想文を書かせ、人権教育担当教諭等に確認をとらないまま、国立療養所菊池恵楓園入所者自治会に送付」してしまい、その感想文の内容が問題となった。「『今は完全に治すことができる』『差別はいけない』などの記述がある一方、『（もし友達がかかったら、）私ははなれておきます。理由は、ハンセン病は怖いからです』『骨がとけ、けずれていく病気』などの内容が含まれていた」そうだ。「自治会長から学級担任に対し、感想文の内容に非常に驚いていることと授業内容を問う旨の返信」があったが、「学級担任は返事を求められている認識がなかったため返信しなかった」という。

　平成26年（2014年）4月より、福岡県教育委員会では早急に調査・該当関係者に指導を行うとともに、菊池恵楓園へ訪問し謝罪をした。その上で、6,7月に「県教育委員会主催の人権教育研修会において講義を実施」し、9月には「県教育委員会が教職員用学習資料『ハンセン病を正しく理解するために』を作成」する。これには、学識経験者からの助言と、菊池恵楓園の自治会長のインタビューも収録された。そして10,11月にはそれを「県内公立学校、市町村教育委員会等に送付するとともに県立校長会等で説明県内公立学校、市町村教育委員会などに送付し、県立校長会等でも説明」し、12-3月には、「進学先の中学校において、該当していた児童に県教育委員会作成の人権教育教材『共に生きるということ』を使用し、ハンセン病に関する授業（3時間）を実施」した。

　このような事態を隠蔽せず、上述したように適切な対応がなされたことは、かかわっていた菊池恵楓園側はもちろんのこと、これからの時代を担う児童にとっても大きな救いであっただろう。

　このような経緯により、最近の流れとしては、福岡県久留米市立金丸小学校でも平成28年度（2016年度）からハンセン病教育に力をいれている。同じ九州地方でも療養所に近い熊本県などと比べると、ハンセン病を学ぶ機会が格段に少ないものの、教員は自主的に学びを進め、ハンセン病だった方々との交流も深め，それらを授業実践に生かしているという。

3．ハンセン病にかかわる授業実践に必要なポイント

　前述した事例の問題は、2点あると考えられる。1点目は、担当教員がハンセン病に対する正しい知識と理解が不足していた、あるいはそれがあったにしても児童らへの説明に言葉が

足りておらず偏ったものになってしまったこと。2点目は、人権教育担当教諭（T1）との連携不足である。どちらも、意識しておくことで未然に防げたはずだ。同じことを繰り返さないためにも、下記に授業実践をする際のポイントを列挙したので参照されたい。

⑴ 指導における基本的な姿勢

①ハンセン病に対する正しい知識を習得する。
②ハンセン病について学べる場へ足を運んでみる。
③正しい知識を基に、歴史をふりかえり、情緒的、感傷的視点を大切にしながらも、歴史の「なぜ」を冷静に検討する。
④自分自身に沸き起こる違和感をみつめる。
⑤複数名担当者がいる場合は、事前にしっかりと授業計画を共有しておく。

⑵ 指導上の留意点

①発達年齢に応じた発展性を考慮して教材、視点を選ぶ。
　（例　小 学 校：ハンセン病だった方々が感じてきた「想い」に寄り添えるような視点
　　　　中 学 校：「いじめ」等、他の事例に応用して考えられるような視点
　　　　高等学校：日本国憲法で保障されている「基本的人権」と関連させて考えられるような視点）
②児童生徒が主体的にかかわれるような導入・授業内容の構成にする。
③「知識的側面」、「価値的・態度的側面」、「技能的側面」（すべて〔第三次とりまとめ〕に明記）の、3つの側面を意識し、総合的に関連し合う授業内容にする。
④病気についての正しい知識を伝える。
⑤「強者 - 弱者」の関係性において捉えるのではなく、ひとりの人間としてのハンセン病だった方の生き方を知り、新たな差別や偏見を生み出さないようにする。
⑥児童生徒の授業中の何気ない一言、つぶやきも大切にして、指導や評価に生かす。
⑦進めてきた学びを学内外へ発信、共有したくなるような授業内容の構成にする。
⑧授業後に児童生徒同士で交わされる会話や何気ない一言にも傾聴し、差別や偏見を助長しない。

⑶ 陥りやすい問題点（佐久間健（2014）『ハンセン病と教育 ─ 負の歴史を人権教育にどういかすか』より一部引用）

①安易な"語り部"講演の依頼をしてしまう。
②問題意識を欠いた療養所訪問・見学になってしまう。
③"かわいそう"という皮相的理解でとどまってしまう。
④心の通い合いのない交流となってしまう。

⑷ ＥＳＤとの関連（国立教育政策研究所（2013）「ＥＳＤの学習指導過程を構想し展開するために必要な枠組み」より抜粋）

〇関連する持続可能な社会づくりの構成概念：多様性、相互性、公平性、連携性、責任性
〇関連するＥＳＤで重視する能力・態度：
　　①批判的に考える力　　③多面的・総合的に考える力　④コミュニケーションを行う力
　　⑤他者と協力する態度　⑥つながりを尊重する態度　　⑦進んで参加する態度

上記をふまえた上でさらに念頭におくべきことがある。それは児童・生徒が抱く素直な感情を蔑ろにしないことだ。学びを進めていくなかで、「なんて可哀想な人たちだろう」、「自分の家族が（自分が）ハンセン病ではなくて良かった」等の感情を抱いてしまい、「差別はだめだと分かっているが、自分自身のなかに差別感情がある」ということに気づく児童・生徒がいるかもしれない。そのようなときむやみに「そんな感情をいだくこと自体が差別だ、良くない」という見方だけで判断し、その感情を否定してしまうことは、本当の意味での学びに繋がらない。実はそのような思いにこそ、ひとりひとりが自分の気持ちや価値観に向き合うきっかけがある。人間に内在している葛藤を踏まえた上で学びを進めていくことにこそ意義がある。

4．実践事例の紹介

（『実践　ハンセン病の授業―「判決文」を徹底活用』（2002）より一部引用）

(1) 授業概要

　この実践は、新福悦郎（授業者）氏により、2001 年 9 月 20 日〜10 月 22 日、鹿児島市立清水中学校 3 年 1 組（生徒数合計 36 名）で実施された。授業のねらいは、単にハンセン病訴訟判決文を読解し理解するだけではなく、適切に活用しながら、また生徒たちの関心を新聞記事やビデオによって引き出しながら、訴訟判決にかかわる状況とそれをふまえた学びをまとめ、発表し、人権にかかわる理解や認識を深めるというところにある。

(2) 授業計画（全 8 時間）

時	学習テーマ	学習活動
1	ハンセン病とは何か ハンセン病判決とは何か	・「TP（南日本新聞記事）」、「ビデオ（KTS）」でニュースフラッシュ。 ・原告の証言を読む。 ・証言を各班で読み、発表する。 ・証言を聞いて、思ったこと、調べてみたいことを発表する。 ・ビデオを見る。
2 3	判決文の内容を調べてみよう。	生徒たちが調べてみたいことをもとに「原告が訴えたこと」「ハンセン病について」「強制隔離政策について」「療養所内の生活について」「社会における偏見と差別について」などの観点で各班で調べる。
4 5 6	発表会をしよう	・各テーマごとに発表。 ・生徒質問、教師質問で内容理解を共通のものにする。（ビデオも活用する。）
7	裁判官が訴えたかったことは何か。	・ワークシートに記入。 ・各班で適語を考察し、理由とともに発表する。 ・判決文が訴えたことを理解する。
8	ハンセン病問題を学習して	・ビデオを視聴する。 ・まとめの感想文を書く。

(3) 実践のその後

　この実践において、最初は「かわいそう」や「ひどい」といった感傷的な言葉を選んでいた生徒たちは、学びを少しずつ進める中で、この学びを進めていく意義、これからの社会に

ついて、また、当時の国の責任や当事者をめぐる周囲の人々について考える内容、ハンセン病ではなくいじめ問題や障がいを抱える人々へ想いを馳せる内容へと変化していった。

実践を終えた生徒の感想を紹介する。「最初僕はこの病気の問題について何も知らず、何も知ろうと思わなかった。ニュースは見ていたが、何で病気で裁判を起こしているのか、理由が全く分からなかったからだ。しかし、授業でこの病気のことを取り入れてくれたため、少しずつだけど理解していくことができた。強制隔離、差別、法改正の遅さ、こんなに深いものだとは思っていなかった。特にビデオで見た『病気より差別のほうが辛かった』という言葉に強く心をうたれた。これはハンセン病だけに言えることだろうか？今の世の中を表しているようにも聞こえた。障害を持った人たちとハンセン病だった人たち。重なって思えた。ハンセン病訴訟は終わった。しかし、国、もちろん自分たちはまだ考えなくてはならないことはまだたくさんあると思う。二度とこのあやまちを繰り返さないように。」

5．課題と展望—人権教育を通した持続可能な共生社会の実現にむけて

学校教育において人権教育をすることは、子どもたちが社会に出るときにはその学びが基礎となり、自分への向き合い方はもちろん、他人との向き合い方にもつながっていくに違いない。大切なことは、社会の流れにも耳を傾けながら、さまざまな立場、環境にあり、多様な価値観をもつ人に対して「想像力」を働かせていくことだ。「想像力」の欠如により、他人だけではなく自分の尊厳までをも傷つけてしまうことが、当たり前のようになってきてしまっている現代において、「人間ひとりひとりが尊い存在である」ということを改めて考えることは喫緊の課題である。小学校学習指導要領（平成29年告示）の前文にも、「これからの学校には、（略）一人一人の児童（生徒）が、自分のよさや可能性を認識するとともに、あらゆる他者を価値のある存在として尊重し、多様な人々と協働しながら様々な社会的変化を乗り越え、豊かな人生を切り拓き、持続可能な社会の創り手となることができるようにすることが求められる。（括弧内は中学校）」（下線部筆者）とあるように、人権についての知識を深め、その基礎を土台とした教育が求められている。それがひいては、ＳＤＧｓ目標4「質の高い教育をみんなに」を土台に、目標3「すべての人に健康と福祉を」、目標10「各国内及び各国間の不平等を是正する」、そして目標16「平和と公正をすべての人に」の達成にもつながるだろう。これらの実現に向けて、「共生・包摂」社会へ着実に歩みを進めていけるよう、人権に関する課題へのアプローチの仕方を検討しておく必要がある。

コロナ禍にあっては、2021年1月、新型コロナウイルス対策を巡り、コロナ感染者の入院拒否に対して懲役刑等の罰則を設けた感染症法改正案が閣議決定された際、ハンセン病違憲国賠訴訟全国原告団協議会が意見書を通じて反対の意を表したことは記憶に新しい。その後、自民、立憲民主両党は同月28日、新型コロナウイルス対策の実効性を高めるための政府提出法案の修正協議で、感染症法改正案に盛り込んだ刑事罰を撤回することで合意した。そして、感染症法改正案に盛り込んだ刑事罰を撤回、入院を拒否した感染者らへの懲役は削除し、「罰金」は行政罰の「過料」に切り替え、過料は特別措置法改正案に規定したものを含めて減額することとなった。そのような経緯を経て、令和3年2月13日、「新型インフルエンザ等対策特別措置法等の一部を改正する法律（令和3年法律第5号）」が施行されたのである。感染症法はその前文で「感染症の患者等の人権を尊重し」と明記されているが、それを無視した強制的なものだったために、反対の意を表したことがこのような結果につながったのだ。

人権についての教育は、ここで取り上げたハンセン病にかかわるものだけではなく、冒頭

に紹介したように数多くの課題がある。共通して言えることは、当事者の気持ちに寄り添い、正しい知識と理解の上で、「人間」について考えることである。そして歴史を一方向からみるのではなく、様々な角度から捉えることで、公にされている事実の背景をより深く理解することができる。その営みを通じて、「誰一人取り残さない」持続可能な共生社会への道がひらかれるのである。

　過去を正しくかつ冷静に省みることをせず、今日目の前で起こっていることだけを考えることは、決して未来につながらない。忘れた頃にまた同じ過ちを繰り返してしまう。そうならないためには、やはり教育が大切である。これからを生きる子供たちへの我々教育者の責任は非常に大きい。

◆本実践のポイント
A）人権教育のとらえ方と学校教育での人権教育の在り方
　ＳＤＧｓ／ＥＳＤでも必要不可欠な視点である「人権教育」について、その基礎となる人権の捉え方や学校教育における人権教育の在り方を、特に道徳教育と人権教育との関連を整理している。

B）ハンセン病の実践事例を踏まえた人権教育で陥りがちな問題点
　その人権教育の中でも、特に「ハンセン病」に焦点を当て、その苦難に満ちた歴史的な経緯を踏まえた上で、学校での実際の実践事例も提示しながら、人権教育で陥りやすい皮相的かつ感傷的な教育実践ではなく、科学的根拠や認識に基づいた人道的な観点での人権教育への転換を推奨している。

C）人権を扱う際の姿勢と指導上の留意点の整理
　また、過去の人権教育の教訓を踏まえて、学校教育で人権を扱う際の基本的な姿勢と、指導上の留意点や問題点、そしてＥＳＤとの関連を明示して人権教育の進め方を明らかにしている。

D）人権教育の実践事例とそれ通じた児童生徒の変容
　さらに、具体的な実践事例を提示し、その学びを通じてより深く人権について考え共感しながら変容する子供の姿とともに、人権教育の教育的価値やその推進の必要性を強調している。

E）人権教育を通じたＳＤＧｓ／ＥＳＤへの貢献の可能性
　学習指導要領の趣旨やコロナ禍の現状を踏まえて、人権教育の必要性を改めてとらえ直し、ＳＤＧｓがめざす「誰一人取り残さない」包摂的で持続可能な共生社会の実現に貢献することを再確認している。

（及川幸彦）

【主要参考文献】
・梅野正信、采女博文編（2002）（『実践　ハンセン病の授業―「判決文」を徹底活用』（エイデル研究所）
・黒川みどり、藤野豊（2015）『岩波現代全書058 差別の日本近現代史―包摂と排除のはざまで』（岩波書店）
・神美知宏、藤野豊、牧野正直（2005）『知っていますか？ハンセン病と人権　一問一答　第3版』（解放出版社）
・佐久間健（2014）『ハンセン病と教育―負の歴史を人権教育にどういかすか』（人間と歴史社）

・国立教育政策研究所教育課程研究センター（2013）ＥＳＤリーフレット「ＥＳＤの学習指導
　過程を構想し展開するために必要な枠組み」
・法務省・文部科学省編（2021）「令和3年版人権教育・啓発白書」（勝美印刷株式会社）
・文部科学省（2018）『小学校学習指導要領（平成29年告示）』
・文部科学省（2018）『小学校学習指導要領解説「特別の教科　道徳」編（平成29年告示）』
・文部科学省（2018）『中学校学習指導要領（平成29年告示）』
・文部科学省（2018）『中学校学習指導要領解説「特別の教科　道徳」編（平成29年告示）』
・文部科学省（2020）「福岡県内の公立小学校におけるハンセン病の授業に関する事案（概要）」

コラム

ＳＤＧｓ目標2「飢餓の撲滅」に熱を

　ＳＤＧｓの目標2「飢餓を終わらせ、食料安全保障及び栄養改善を実現し、持続可能な農業を促進する」（外務省仮訳）は、スーパーマーケットに行くといつでも食べ物が山積みされている光景を目にしている日本の子ども達にとって、なかなか自分事化するのが難しい。しかし実際は、カロリーベースの食料自給率は37％（令和2年度）である。不足する63％の食料を海外から輸入しているのである。

　日本で1年間に生産される食べ物は約3000万トン、輸入が約5500万トンであるが、その内の約1700万トンが捨てられている。これは5000万人が1年間食べていける量だと言われている。東京オリンピックでも大量の弁当の廃棄がニュースになっていたが、まだ食べられるのに捨てられる「食品ロス」は年間約800万トンである。学校現場でも給食の食べ残しを減らしたいと思われている先生方も多いと思う。

　食料を大量に輸入しながら、一方で大量に廃棄しているという矛盾を突きつけられると、子ども達は「何とかしなくては」とその時は感じてくれるものの、行動の変革には至らない。理由は2つある。1つは食料生産の現場が不可視化されていること、2つは食料が商品化されていることである。子ども達は、食料生産の大変さを知らない。お金さえ払えば、手に入るものと思っている。食料はゲーム機やテレビとは違い、それがないと1日も過ごすことが困難になる「命を支えるもの」であると共に、海外の食料生産地が天候不順に陥ったり、紛争等が勃発したりすると、お金があっても手に入れることができなくなる可能性があるということをおさえるべきである。

　国内に目を向けると、農業人口の減少と高齢化により、耕作放棄地が増えている。このままだとますます食料自給率は低下するだろう。食料自給率よりもっと深刻なのが、食料自給力である。食料自給力には、農地や灌漑施設、農業技術、そして農業人口が関係してくる。耕作放棄地は簡単には農地に戻らない。農業人口の減少により農業技術は伝承されていない。危機的状況にあると言えるだろう。

　学校の先生方も、できれば農地を借りて1年間を通して農作物の自給自足に取り組んでほしい。それがどんなに大変なことかがわかれば、子どもへの指導にも「熱」が入るだろう。食料の自給は、国民の命を守り、安心できる社会をつくる上で、国としてやらなければならない仕事であるが、それができていない今、日本の農業を復活させるために、自分事として考えて行動する市民を育てることが重要である。

（中澤静男）

歴史文化遺産が語る 持続可能な社会づくりの必須条件

奈良教育大学　准教授／SDGs 不東会代表　中　澤　静　男

1．ESDとの出会い

　　私が初めてESDと出会ったのは、2007年3月24、25日に奈良教育大学で開催された「ユネスコ東アジア地域世界遺産教育国内ワークショップ」でのニーデルマイヤー博士の基調講演だった。ニーデルマイヤー博士は、当時、ASP（ユネスコスクールネットワーク）の責任者であり、国際交流コーディネーターも務められていた。その頃、私は奈良市教育委員会の指導主事をしており、4月から奈良市が実施していた世界遺産学習の改訂を命じられていた。1998年に古都奈良の文化財が世界遺産に登録されたが、世界遺産を訪れたことがないという子どもが多くいたことから、小学5年生を対象に奈良市教育委員会がバス代を負担し、古都奈良の文化財を巡るといった世界遺産学習が2001年度から続けられていた。この世界遺産学習を物見遊山から「学び」に転換することが私の仕事であったが、どのように転換すれば良いのかわからず、困っていたところに出会ったのが、この基調講演だった。私は、これからの教育はこうあるべきだと直感し、先日お亡くなりになった田渕五十生先生に師事しながら、ESDの研究を始めた。

2．地域の特色を生かしたESD

　　2021年5月31日に「我が国における『持続可能な開発のための教育（ESD）』に関する実施計画（第2期国内実施計画）」が、持続可能な開発のための教育に関する関係省庁連絡会議で策定されたが、この国内実施計画の第1号は、2006年3月30日の「わが国における「国連持続可能な開発のための教育の10年」実施計画」である。この実施計画の（3）わが国の実施計画の（ニ）わが国が優先的に取り組むべき課題の中に「政府としては、（中略）先進国が取り組むべき環境保全を中心とした課題を入り口として（中略）取組を進めていくこととします。」と記されているように、環境教育からESDへという流れが一般的であった。しかし、古都奈良の文化財を環境教育に活用するというイメージを持つことが難しかったため、私は「奈良」という地域性を生かしたESDを模索することとした。

　　世界遺産教育を先進的に研究されていた故田渕氏は、世界遺産教育を①世界遺産についての教育、②世界遺産のための教育、③世界遺産を通した教育、に分類されていた。①世界遺産についての教育とは、知識・理解中心の教育で、「世界遺産にふれる」ことが目的となる。従来の奈良市の世界遺産学習はこれに該当する。②世界遺産のための教育とは、世界遺産の保全・保護のための教育である。世界遺産の価値を伝えることで、その保全に関心を持つ人を育てる教育である。そして③世界遺産を通した教育が世界遺産を通したESDであった。

　　私は奈良市の世界遺産学習を③世界遺産を通したESDに一新すると心に決め、大西浩明氏をはじめ、多くの現職教員に助けられながら、ESDとしての世界遺産学習について実践

的な研究を開始した。2008 年には『奈良大好き世界遺産学習』を発行、2010 年には奈良教育大学を会場に世界遺産学習全国サミットを開催することができた。

　こうして世界遺産の価値やそれを受け継いでこられた人の営みにふれることで、地域を大切に思う気持ちが高まり、それが持続可能な地域社会の担い手になっていく、というぼんやりした方向性が定まったものの、ＥＳＤについての研究が不足していたことと、世界遺産に限定されていたため、多くの教員や一般の方々が納得して、実践していこうというレベルには至っていなかった。学習対象を世界遺産から歴史文化遺産へと拡大するとともに、ＥＳＤの研究を進めるために、奈良市教育委員会を退職し、2011 年４月に奈良教育大学持続発展文化遺産教育センターに着任した。

3．歴史文化遺産が示す持続可能な社会づくりの必須条件

　古都奈良の文化財には８つの資産が登録されている。東大寺・興福寺・元興寺・薬師寺・唐招提寺・春日大社・春日山原始林・平城宮跡である。これら 1300 年前に創建された社寺を目の当たりにできることは、当たり前のことだろうか。実は古都奈良の文化財の８つの登録資産においても、1300 年前の建築物が現存しているのはそれほど多くない。高温多湿の日本の気候、毎年発生する台風、多発する地震といった自然環境のもと、1300 年間にわたって存在し続ける方が希有なことである。建造物をよく見ると、あちらこちらに補修の跡を見ることができる。修理を繰り返しながら、大切にされてきたことがわかる。木造建造物にとって、最も恐ろしいのは火災である。1300 年間という長い年月の間に、兵火や落雷、放火、失火、類焼などに見舞われているものがほとんどである。興福寺などは、７回も大火に襲われながらも、その都度復興し、今に至っている。幾多の苦難を乗り越えながら現在に至っている歴史文化遺産には持続可能な社会づくりの必須条件を見いだせるはずである。そのように考え、古都奈良の文化財についての研究を進め、持続可能な社会づくりの必須条件として、次の３つを抽出した。国際交流・国際協力、技術革新・新システムの導入、能動的に参加・協力する市民の存在である。

⑴ 国際交流・国際協力

　古都奈良の文化財のうち、春日大社の社叢林である春日山原始林を除くと、創建時や復興時に国際交流や国際協力があったことが見いだせる。東大寺の大仏様の建立を指導した行基と国中公麻呂は百済系渡来人の子孫である。興福寺の仏像の中で一番有名な像である阿修羅像は、八部衆像の１つであるが、八部衆はもともとインドの神であったのが、仏教に帰依し、仏教を守る神になったものだ。興福寺の八部衆像は 734 年に創建された西金堂に安置されていた。正倉院文書の１つ『造仏所作物帳』に、百済系渡来人の子孫である将軍万福が八部衆像を造ったことが記されている。752 年の東大寺大仏開眼供養会において、東アジア各地の楽舞が奉納されたことが、正倉院宝物などからわかるが、現在は南都楽所が春日大社を中心に奈良時代に東アジアより伝わった音楽や舞踏、雅楽の保存・伝承を行っており、春日大社の祭事に奉納される雅楽は、国際交流を跡づけるものである。薬師寺の本尊は薬師如来像であるが、その台座に注目したい。最上段にギリシアの葡萄唐草文様、その下にペルシャの蓮華文様が見える。中央にはインドの力神、その下の段の中央には中国の四神（青龍・朱雀・白虎・玄武）が描かれており、奈良時代の国際交流が感じられる。元興寺の本堂である極楽堂と禅室の屋根には、日本で最も古い瓦が行基葺きという独特の方法で葺かれているのを見

ることができる。元興寺は蘇我氏が飛鳥に建立した、日本で最初の仏教寺院である法興寺が平城遷都と共に移ってきたものである。行基葺きで葺かれた瓦は、法興寺の建立時に百済から来日した瓦博士によって造られた瓦を、移転時に持ってきたものであり、国際協力によって造られたものである。その他、周知の通り、平城京は唐の都であった長安をモデルに造営されたものであり、唐招提寺は唐より来日した鑑真によって建立された寺院である。

　以上のように、古都奈良の文化財は国際交流や国際協力のもとで造られたものであることが指摘でき、国内だけでは造ることができない、素晴らしいものを造り上げたことが、それらを後世にまで伝えていこうという原動力にもなったものと思われる。

⑵ 技術革新・新システムの導入

　古都奈良の文化財には、元興寺の瓦のように、当時の最新技術やそれまでになかった技術革新の跡を見いだせるものが多くある。

　先述したように、日本の気候は高温多湿で、雨も多い。日本の住宅は、「堀立柱」と呼ばれる、地面に穴を掘り、その中に柱を立て、埋め戻して自立させるという工法で造られるのが普通であった。掘立柱だと、柱が土の中の水分を吸い上げるため、柱の根元が腐りやすく長持ちしない。ところが奈良の社寺では地面に基礎となる石を置き、その上に柱を立てるという石場建て工法が採用されている。石場建てでは、地面と柱が接していないため、柱が土の中の水分を吸い上げることを防ぐことができる。石場建て工法という当時として最新の技術を取り入れたことが1300年間という持続性をもたらしたのである。もちろん、石場建てであればすべての問題が解決したという訳ではない。歴史的建造物の柱をよく見ると、あちらこちらに修復の跡が見られるだろう。特に柱材と礎石が接するあたりには、根接ぎといって、すっかり入れ替えた跡が見られるものも多い。よいものを修理しながら長くもたせようという思いを読み取ってもらいたい。

　建築様式として、重源上人が鎌倉時代の初めに大仏様を復興したときに採用したとされる「大仏様（だいぶつよう）」という、新しい建築様式を紹介したい。大仏様では、柱材と梁の接続の仕方がそれまでとは異なっている。柱材にほぞをあけ梁材と接合するのだが、大仏様では、梁材が柱材に開けられたほぞ穴を貫通している。日本は地震の多い国だが、梁材と柱材が単に接合するだけでなく、貫通していることで少々の揺れでもびくともしない丈夫なつくりになっている。大仏様は重源上人が造った東大寺南大門に見られるだけでなく、鎌倉時代に復興された元興寺極楽堂などにも用いられ、広がっていった。新しい技術を積極的に取り入れることが、持続可能性を高めた例である。

　また、興福寺は7回もの大火に見舞われたにもかかわらず、奈良時代に作られた阿修羅像などの八部衆像や釈迦の十大弟子像が現在に伝わっている。これは当たり前のことではない。大火の度に誰かが命がけで火の中に飛び込んで、像を抱えて救い出したのである。十大弟子像が六体しかないこと、八部衆像のあちらこちらが傷んでいることがそれを物語っている。命がけで救い出そうという「人の心」も貴重だが、もしこれらの像が塑像であったり、木像であったりしたなら、とても重くて助け出すことはできなかったであろう。これらの像は脱活乾漆（だつかつかんしつ）という当時のハイテク技術で作られている。粘土で像を作りその上から麻布を巻き、接着力の強い漆で固めたあと、おが屑に漆を混ぜた木屎漆（こくそうるし）で細部を作っていく。像の完成後、背面などを切り開き、中の粘土を掻き出し、補強のために木枠をはめ込むという作り方である。脱活乾漆で作られた像は、木像などと比べると軽い。そのため、大火の中でも助け出されたのである。奈良時代の仏師の新しくて優れた技術を積

極的に取り入れていこう姿勢が、これらの像の持続可能性を飛躍的に高めたといえるだろう。

　奈良時代の人々にとって、東大寺の大仏様の建立はすべてが技術革新の連続であったことは言うまでもない。重機を使うことなくあれほど大きな鋳造仏を造るということに対して、当時の人達、特に技術者は「できる」という確信のもとで取り組んでいたのだろうか？鎌倉時代に大仏の復興を行おうとしたけれど、「人力の及ぶところにあらず」と記されるような大事業を奈良時代の人がやり遂げたことは驚異的である。すべての材料がそろっていたわけでなく、造っている途中に東北で金が見つかって聖武天皇が喜んだという記事がある。できるかどうかわからないことに向かっていくことができるのが、人間とＡＩの違いであろう。

　昨今、Society5.0 の到来によってスマートシティが建設され、ビッグデータに基づくＡＩの最適解の選択を期待する風潮があるが、持続可能な社会の実現に向けて、奈良時代の人々がそうであったように、人間による技術革新の可能性を信じたい。

　持続可能な社会の実現にむけてもうひとつ必要な要素がある。それは新しいシステムの導入である。イノベーションではなくても、社会システムの変革することで人々を幸せにすることができる。例えば、育児休業制度というシステムがある。1991 年に「育児休業、介護休業等育児又は家族介護を行う労働者の福祉に関する法律」が定められ、第５条第３項に「労働者は（中略）その事業主に申し出ることにより、育児休業をすることができる。」、また第６条に「事業主は、労働者からの育児休業申出があったときには、当該育児休業を拒むことができない。」と明記された。厚生労働省の調査によると、2020 年度の男性の取得率は、前年度比で５ポイント余り増え、12.65％であった。女性の取得率が 80％台であることと比較するとずいぶん低いが、確実に増えつつあるようである。これは男女が協力して育児を行うことが当然視されてきているという社会の在り方を反映したものであり、男性が仕事を減らし家庭生活を大切にすることによる幸福感、女性の社会での活躍という充実感など、誰もが幸せになる社会というＳＤＧｓの目標達成に寄与するシステムの導入の一例である。

　話を古都奈良の文化財に戻そう。古都奈良の文化財の中で、システムの導入が明確にわかるのは、春日山原始林である。春日山原始林は春日大社の社叢林であるが、841 年に狩猟と樹木の伐採が禁じられ、現在に至っている。狩猟と樹木伐採の禁令により、原始性が保たれたのである。この禁令と各時代の人々がそれを守り受け継いできたことで、水源地の自然環境が保全され、奈良の町の人々の生活や産業の発展につながっている。奈良町は中世より興福寺や東大寺、元興寺の門前町として発展し、江戸時代には全体で 205 町、35000 人あまりの人が生活する町となっていた。電気やガスがない時代、人々が生活する上で必要とされるのが薪炭である。841 年以来の禁令がなければ、奈良町から徒歩で 30 分以内の位置にある春日山は薪炭林となっていただろう。明治時代の六甲山のように禿げ山になり、土砂災害などにより大きな被害が出ていたかもしれない。

　狩猟や樹木伐採の禁止というシステムが採用されたことで、春日山原始林は原始性を保つことができた。持続可能な社会づくりにおいて、どのようなシステムの導入が必要なのかを考える契機を与えてくれているような気がしてならない。

⑶ 市民の能動的な参加・協力

　古都奈良の文化財に登録されている８つの資産の中で、平城宮跡は継続されてきたものではない。784 年の長岡京への遷都により、平城宮にあった多くの建物は移築されたと考えられている。唯一現存するのが、東朝集殿を移築して寺院用に改築した唐招提寺の講堂である。平城京には 10 万人ほどの人口があったという研究もあるが、発掘調査によって土中より発見

されるもの以外で、奈良時代のものとして残っているのは、社寺の中に存在するだけである。平城京は国力を尽くして造られた都であったが、その姿は想像するしかない。

　奈良時代のものが残っている社寺に目を向けよう。東大寺は国立の寺院として特別な存在であった。薬師寺は元々天武天皇が持統天皇の病気平癒を願って造られた寺であり、唐招提寺は朝廷の求めに応じて来日し、戒律制度などを伝えた鑑真のために造られたものである。興福寺は藤原氏の氏寺であり、春日大社は藤原氏の氏神、春日山原始林は春日大社の鎮守の森であった。これらの社寺が創建時やその後も強力なスポンサーを持っていたのに対して、元興寺にはスポンサーがいなかった。元興寺は、飛鳥時代に蘇我馬子によって造られた日本で最初の本格寺院である法興寺が始まりである。それが平城遷都と共に奈良に移って来て元興寺となった。蘇我氏は有名な乙巳の変で滅んでいる。つまり、元興寺には創建時から強力なスポンサーが不在であった。国家権力を結集して造られた平城京が失われ、創建時よりスポンサー不在の元興寺が、持続できている。ここに持続可能な社会づくりの必須要素があると考えている。

　元興寺極楽坊は、奈良時代の学僧であった智光（ちこう）法師の住居と伝えられており、平安時代中期に編集された『日本往生極楽記』に智光法師が夢の中で極楽浄土の様子を知るに至った説話が記されている。この智光法師が夢に見た極楽浄土の板絵が「智光曼荼羅」として極楽坊に伝えられてており、極楽浄土を願う人達の信仰の広がりによって、「智光曼荼羅」を収めた極楽堂の堂内は浄土の入り口と考えられるようになった。そして、浄土への導き手である地蔵菩薩への信仰と共に、時代を超えて受け継がれ、現在に至っている。明治時代の廃仏毀釈と太平洋戦争の影響で住職不在となり衰退したこともあったが、その元興寺を建て直したのが辻村泰圓住職である。泰圓氏の努力によって、現在の元興寺があることは間違いない。奈良時代から今日までの1300年という長い年月、幾人もの泰圓氏のような人物と元興寺の法灯を守る営みに能動的に参加・協力した人々があったことが、元興寺を持続させてきたと考えられる。

　東大寺の大仏様の建立や復興に多くの人々が能動的に参加・協力したことは有名である。743年の盧舎那仏造顕の詔（るしゃなぶつぞうけんのみことのり）の中に「如し更に、人の一枝の草、一把の土を持ちて像を助け造らんことを請願するものあらば、恣（ほしいままに）に之を聴せ」と記されてあるように、聖武天皇は庶民の小さな力を結集した大仏造りを望んでいた。実際にのべ260万人ほどの人達が大仏建立に協力したとされている。

　多くの人々のボランティアによって造られた大仏様だが、1180年の平氏による南都焼き討ちにより、大仏殿が焼失し、大仏様も溶けてしまう。当時の人々も何とか大仏様を復興しようとしたのだが、鋳師たちは口々に大仏再鋳は「人力の及ぶところにあらず」と申し立て、匙を投げる始末であった。そのような中で大仏復興に立ち上がったのが重源上人であった。勧進上人を自称した重源上人の勧進状には「雖尺布寸鉄、雖一木半銭（しゃくふすんてつといえども、いちぼくはんせんといえども）」と記されている。わずかな寄附を集積すると共に、多くの人々の思いを大仏様の復興に結集させるという、聖武天皇の「一枝の草、一把の土」と同じ、小さな力を結集して大仏様を造るという精神が見て取れる。こうして大仏様が復興され、1185年に開眼供養が行われている。

　重源上人によって復興された大仏様だが、1567年に松永久秀と三好氏の兵火に巻き込まれ、焼失してしまった。奈良の武将である山田道安が大仏様を復興しようとしたが、戦国時代のため十分な物資を集めることもできず、体はなんとか造ったものの、重い頭部を載せることができなかった。木で作った軽い頭部に銅板を貼り付けただけの大仏様であった。大仏

殿もなく、大仏様は 120 年間雨ざらしという状態であった（この頃に「奈良の大仏さん」の
わらべ歌が子ども達に歌われるようになったのであろう。歌詞の中に「天日〜に、や〜け〜て」
の言葉がある。今も奈良の子ども達は、このわらべ歌で遊んでいる）。

　江戸時代になって大仏様の復興に立ち上がったのが東大寺の公慶上人である。公慶上人は
大仏様を復興するにあたり、「天下の仏心を集めて一仏となす」と唱えて全国を歩き、寄附を
募っている。その際、公慶上人は重源上人が愛用した「勧進尺」を用いていることから、小
さな力を結集して大仏様を造ろうという、聖武天皇、重源上人の精神を受け継いでいたこと
がわかる。こうして全国からの小さな力を結集することで大仏様の復興に取り組み 1692 年に
は開眼供養が開催さた。我々が現在目にしている大仏様は、この公慶上人によって復興され
た大仏様である。

　開眼供養の次は大仏殿の建設である。このときも公慶上人は「一針一草の喜捨」を唱えて
全国を歩いている。大仏殿の重い屋根を支える大虹梁（だいこうりょう）と呼ばれる大木は、
九州の白鳥神社からご神木を譲り受け、瀬戸内海から淀川、木津川を経て木津まで運び、木
津からは 1000 人を越える奈良の人達がボランティアで東大寺まで曳いている様子が、「大仏
殿虹梁木曳き図」に描かれている。

　今と違って重機のない時代に、全国から材料を集め、大仏様を建立・復興することはどれ
だけ大変な事業であったか、想像するのも難しい。鎌倉時代の鋳師が「人力の及ぶところに
あらず」と申し立てたのも当然のことであろう。この 3 回の大仏様の建立・復興の共通点は、
全国の多くの人達の能動的な参加・協力である。実は大仏様の復興劇はもう 1 回あった。平
安時代の 855 年に大仏様の頭部が落下するという出来事があった。この修復を行ったのは平
城天皇の第三皇子であった真如親王（高岳親王）である。真如親王も「天下の人を令（し）て、
一文の銭、一合の米を論ぜ、力の多少にしたがい、以て加え進むることを得せしめん」と自
分の力に応じた寄附を集め、大仏様の修復を行っている。

　いずれの建立・復興においても、中心にあるのは無名の人々の能動的な参加・協力である。
聖武天皇、真如親王、重源上人、公慶上人と言った優れたリーダーの存在も重要だが、リーダー
の声に積極的に反応し、寄附を申し出たり、労働力を提供したりした数限りない無名の人々
があったからこそ、可能となった大事業である。

　2015 年の国連持続可能な開発サミットにおいて、2030 アジェンダが採択され、ＳＤＧｓの
達成に世界中が取り組むことになっている。世界のリーダーが取り組むだけでは、ＳＤＧｓは
達成できず、持続可能な社会は実現しないだろう。世界中が取り組んでいるという「世界中」
の意味するところは、全ての人が取り組んでいるという意味でなければならない。すべての
人に取り組んでもらう方法は 2 つある。1 つは厳しい罰則で、持続可能な社会づくりに協力し
なかった違反者に厳罰を与えるという恐怖制度である。もう 1 つは、教育を通じて持続可能
な社会づくりの大切さを理解してもらい、一人一人が自ら行動を変革することで、持続可能
な社会の実現に至るという方法である。例え持続可能な社会づくりに成功したとしても、前
者では締め付けを緩めることはできず、ついには大きな反発が生じて持続不可能な社会に逆
戻りしてしまうかもしれない。人々の理解と納得による、自発的な行動変容でなければ持続
可能な社会は実現しないし、維持できない。

4．ＳＤＧｓとＥＳＤ

　2030 年までの達成を目指すＳＤＧｓの目標 17 は、国際協力の重要性を述べている。また、

目標1から目標16までは、持続可能な社会の実現に必要なイノベーションや新しいシステムを、目標という形で示している。しかし、その達成の鍵を握るのは「人」である。そして社会づくりに関する価値観と行動の変革を促すことで、結果として持続可能な社会の実現を目指すのが、ESDである。

　2021年である現在、SDGs達成への動きが加速しているとは思えない。1992年にリオデジャネイロで開催された地球サミットにおいて、先進国と途上国を念頭に「共通だが差異ある責任」という言葉が使われた。気候変動や人口増加、生物多様性の劣化、資源の枯渇、核兵器、分断と対立という、現代の持続可能な不可能な状況を前に、「共通だが差異ある責任」という言葉は違った意味を持つ。大人も子どもも、災難を被るのは共通だが、責任の程度はまったく違う。経済重視が骨の髄まで染みこんでいる大人は、なかなか行動を変革しようとはしないだろう。そのような大人でも、子どもの声を無視することはできない。ロジャー・ハートが「参画のはしご」で示したように、「子どもが主体的に取りかかり、大人と一緒に決定する」という、子どもから大人に持続可能な社会づくりへの参加・協力の重要性をうったえ、協働する形を作っていく方が現実的であるかもしれない。その意味で、持続可能な社会づくりにおける教員の役割は大きなものがある。

　奈良への修学旅行というと、歴史にふれたり、奈良公園でシカと遊んだりすることに終始しているのが現状である。一般の観光客も海外からの観光客も同様である。持続可能な社会づくりの観点から立ち止まり、なぜ1300年もの長い時間持続できたのか、そのために人々はどのような営みを続けてきたのかを考えることは、これからの持続可能な社会づくりを考えるスタート地点となる。過去の人々から現代の我々に、持続可能な社会づくりに何ができるかが問われている。ゆったりとした時間が流れる奈良の社寺の中で、自分は何をするべきかを考える契機としていただきたい。

ＥＳＤの授業づくり　ＰＡＲＴＩ　「自分が面白い！と感じる」

　授業は、やはり楽しくなければいけないものだと思っている。子どもが楽しいと思うのはもちろんだが、教師自身も楽しいと感じなければ子どもが楽しく感じるはずがない。まして、ＥＳＤは「わくわくする」ものであるべきで、教科書のないＥＳＤの授業を創っていくこと自体を楽しみたいと考えている。

　では、どうすればわくわくしながら授業づくりができるか。まずは、授業のネタ探しである。私自身は、ずっと小学校の社会科や総合的な学習の時間を研究してきたこともあって、地域にある「ひと・もの・こと」を題材にして様々な単元を創ってきた。一部を紹介すると以下の通りである。

教科等	学年	取り上げた題材	単元名
社会	6年	多聞城、松永久秀	「あなたなら戦国の世をどう生き抜く？」
社会	6年	称名寺、村田珠光	「今につながる室町文化　～茶道の祖　村田珠光～」
総合	5年	春日山原始林	「世界遺産を世界遺産として守るために…」
総合	6年	南都八景	「未来に残したい美しい奈良の風景を見つけよう」
総合	5年	大仏鉄道	「幻の大仏鉄道を掘り起こす人たち」
総合	5年	旧JR奈良駅舎	「そして…駅舎は残った！」
総合	4年	校区の地蔵	「わたしたちは地域に守られている」
総合	4年	写真美術館、入江泰吉	「奈良を撮り続けた人　入江泰吉」
社会	4年	植桜楓之碑、川路聖謨	「きょう土の発てんにつくした人　～川路聖謨～」
総合	6年	ならまち	「ならまちの町名しらべ」
社会	4年	おん祭	「880年もつづくおん祭」
社会	6年	陸軍第38連隊跡	「飛鳥にも戦争があった！」

　なぜその題材を取り上げたかを問われると、「自分が面白い！」と思ったからである。「知らなかったぁ」「すごい！」「ホントにそうなの？」と感じたものだけが教材化されていった。自分の中に驚きがあれば、自分なりにいろいろと調べてみたりすることが確かな教材解釈につながる。そこにＥＳＤの視点や育てたい資質・能力、価値観を重ねてみたときに、初めて教材化へのスタート地点に立てる。

お地蔵さん探しの活動

　「そんなネタをどうやって探すのですか？」とよく聞かれるのだが、「探そう」と思っているとなかなか見つかるものではない。常にアンテナを張っておくことだろうか。ＥＳＤの見方・考え方が身についていれば、テレビや新聞を見ていてもソマティック・マーカーが「あれっ？」と働くものである。

（大西浩明）

1 秋篠川の恵みを未来へつなげよう
―秋篠川のプラスティック汚染を解決するための平城っ子のチャレンジ―

奈良市立平城小学校 教諭 **新 宮 済**

1．単元の目標

- 秋篠川の調査から、川には様々な役割があることや、プラスティックごみが川や海に及ぼす影響について理解することができる。　　　　　　　　　　　　　　（知識・技能）
- 秋篠川の様々な恵みを未来につなげていくために、地域の課題を踏まえて自分たちができることを考え、適切に表現する。　　　　　　　　　　　　　　　（思考・判断・表現）
- 秋篠川に関心をもち、秋篠川のプラスティック汚染問題を解決するために、自分たちができることを問い直し、行動する。　　　　　　　　　　　（主体的に学習に取り組む態度）

2．単元について

(1) 教材観

　本学習は、児童が地域の河川である秋篠川への関心を高め、地域の課題である秋篠川のプラスティック汚染問題の解決を目的に、児童の行動の変容を促すことを目指すものである。地域を流れる秋篠川には、農業用水や生物多様性の保護、文化の伝承など様々な役割がある。しかし、本地域の児童はこのような川の役割がもたらす恵みに無関心であり、秋篠川にはビニールごみやペットボトルが多く落ちているが、落ちていることが当たり前となっている。このことを地域の課題として捉えたい。最近の研究では、海洋汚染問題の原因であるプラスティックごみの大半は海辺で出されたものではなく、流域に住む人々の日常生活で使ったプラスティックごみが、雨や風で川に入り海に流れたものであると報告されている。地域の河川におけるプラスティック汚染問題は海洋プラスティック問題へとつながり、地域を超えて地球全体の問題となっている。

　この秋篠川のプラスティック汚染の解決に向けて「秋篠川の恵み」と「秋篠川を守る人の営み」を教材化した。

　1つ目の、「秋篠川の恵み」に気づくことは、当たり前に地域を流れる秋篠川を自分事化に焦点を当て教材化した、地域の河川のごみ問題に対して当事者意識が芽生えると考えたからである。秋篠川は、多面的な役割を有している。かつて奈良時代に平城京を南北につなぐ川として物流を担った運搬の役割や、地域の農業用水としての役割、水遊びの場所として癒しや安らぎをもたらす役割、生物多様性を保護する役割、秋篠川の生物をエサに育つ大阪湾の海の幸をつくる役割、さらに農業の収穫にかかわる祭といった文化の伝承の役割、世界遺産の平城宮跡や薬師寺を流れる文化的景観の役割などである。このように地域の河川の多面的な役割が日常の生活と深く関連していることに児童が気づくことで、秋篠川への誇りが生まれ自分事化につながると考えた。

　2つ目の、秋篠川を守るために活動する「人の営み」に出会い憧れることで、自分達も地

域の河川の問題に対してなんとかしようという地域社会の担い手意識が高まる。憧れた大人と同じように活動に参画したりすることにより、個人のライフスタイルの変革を促すエネルギーとなると考えたからである。秋篠川の流域には河川のプラスティック汚染に気づき清掃活動などが行われている場所がある。平城地域の流域でも一部の地域の住民活動が行われてはいるが、問題は解決せず日に日にごみが川に増え続けている。そこで秋篠川の恵みを守る平城地域の農家、漁師、専門家と出会い、その人の営みに触れると共に、地域の方と一緒にプラスティックの使用による秋篠川のごみの量の変化を時間軸で考えたり、実際に秋篠川のごみを拾い分別することで、秋篠川にプラスティックごみが溜まる原因に、ポイ捨てや、プラスティック製品の放置、ごみを分別しないことなどがあることに気付く。以上のことを追究していくことによりプラスティック汚染を自分事化し、その原因であるプラスティック製品を消費するという行動の見直しが生まれ、ライフスタイルの変革につながっていくだろう。これにより秋篠川のプラスティック汚染の解決につながる、プラスティックを減らすライフスタイルの変革と、地域社会の一員としてできることを地域の大人と一緒に行動する、質の高い子どもの参画につながると考えた。

(2) 児童観

ほとんどの児童が登下校の際に秋篠川沿いを歩いてくる。60年ほど前までは秋篠川の水質は良く、当時の子どもたちは泳いだり、水遊びを経験した。しかし、近年の開発による水質汚染や水路工事に伴い、ほとんどの児童が秋篠川で遊んだ経験が無い。地域の方と同様に秋篠川が児童にとって身近ではないことで、秋篠川にプラスティックごみが多く落ちていることが当たり前の光景となっている。また秋篠川の役割について知っていたり、興味を持っている児童は少ない。

(3) 指導観

まず、地域の秋篠川について知っていることを出し合う。児童は秋篠川が地域に流れている川という認識だけで、深く知らないことに気づく。「地域の秋篠川はどのような川なのだろう?」という学習問題を設定するが、秋篠川が自分事になっていないので、なかなか興味を持たないだろう。そこで、秋篠川の生物調査を行い、たくさんの生き物に出会ったり、川の水の冷たさを感じたりするなど、自然との交歓の体験から学習を始める。次に、奈良県南部を流れる吉野川に隣接した川上村の森と水の源流館と連携し、吉野川には様々な役割があることを実感する校外学習を行う。すると、児童から「吉野川のように秋篠川にも様々な役割があるのか?」という新しい問いが生まれるだろう。この問いを解決するために源流館の尾上氏をGTとして招へいする。尾上氏は水の恵みを下流に届け続けるという「川上宣言」を具現化するために、吉野川の流域の人と出会い、川の恵みを取材し、下流に住む人々へ伝えている。営みへのあこがれから、自分たちも秋篠川の役割を見つけようという追究のエネルギーが生まれ、地域の方への聞き取り調査がはじまる。秋篠川の様々な役割を見つけていくなかで、秋篠川が自分事となっていき、秋篠川にはプラスティックごみが多いという問題に気付くことになる。「秋篠川のプラスティック汚染を解決するために、自分にはどのようなことができるだろう?」という中心的な問いが生まれる。ここで大切なのは、地域の課題の解決にむけた行動を何度も問い直すことである。プラスティックごみを出さない、拾うという行動化だけではこの問題は解決しないことに気づかせる。地域の課題を本当の意味で解決するために、子どもの参画の質を更に高める必要がある。そのために、もう一度秋篠川へ行き「自

分たちの行動で地域の課題が本当に解決しているか？」と問い直し、秋篠川のごみのほとんどが大人が出したごみであり、大人が変わらないと問題が解決しないことに気づかせる。ここではグレタ・トゥーンベリさんの演説動画をみせることで、大人へ地域の課題を訴え、地域の大人とチームをつくり共に解決行動を生み出していく。このように地域の課題を解決するために大人を巻き込む子どもの参画を目指していく。

⑷ ＥＳＤとの関連

・**本学習で働かせるＥＳＤの視点（見方・考え方）**
責任性：自分たちが秋篠川の多面的な役割や生態系を守るために、川のごみを拾ったり、自分たちの消費行動を変えることが大切である。
相互性：秋篠川には多面的な役割があることに気づき、この役割が自分たちの生活に深く関わっている。
連携性：河川は農家や漁師、専門家だけが努力して守るのではなく、私たちが地球のことを考えて努力をしていくことが大切である。

・**本学習で育てたいＥＳＤの資質・能力**
クリティカル・シンキング：プラスティックごみを出さない行動や、拾う行動を子どもだけが起こしても秋篠川のプラスティック汚染問題が解決できない。原因である地域の大人に訴え、問題を解決につながる大人を巻き込む行動をしていくことの必要性について考える。
コミュニケーション力：地域の大人にインタビューし、秋篠川の役割を考える。地域の大人に秋篠川のプラスティック汚染の原因を伝えるだけでなく、大人に協力を要請して、プラスティックごみを拾ったり、消費行動の変革を地域へ呼びかけ、一緒に行動することができる。
協働的問題解決力：秋篠川の問題に、自分たち地域の一員として関わっていく。

・**本学習で変容を促すＥＳＤの価値観**
世代間の公正：自分の世代だけでなく秋篠川の恵みを未来へつないでいこうと考え行動する。自然環境や生態系保全を重視する：プラスティックはごみとなって海に流れると、生物への悪影響が起こるので、プラスティックごみを極力出さないというライフスタイルの変革にむけて行動する。

・**関連するＳＤＧｓの目標**
12. つくる責任つかう責任
14. 海の豊かさ
15. 陸の豊かさ

3．単元の評価規準

ア　知識・技能	イ　思考・判断・表現	ウ　主体的に学習に取り組む態度
①秋篠川は、様々な役割があり、この役割を守るために地域の人々が工夫や努力をしていることを理解している。 ②秋篠川のプラスティック汚染問題が海に影響を及ぼすことを理解している。	①プラスティックごみを出さない行動や、拾う行動を子どもだけが起こしてもプラスティック汚染問題が解決できず、原因である大人に訴え大人を巻き込む行動することについて考え、適切に表現している。	①秋篠川の様々な役割を、意欲的に調べたり考えたりしている。 ②秋篠川のプラスティック汚染問題を解決し、秋篠川の恵みを大切に守っていこうとする態度を表している。

4．単元展開の概要（全60時間）

	○主な学習活動 ・児童（生徒）の反応	●学習への支援	△評価 ・備考
一次	○秋篠川について既存の知識を確認し学習問題を作る。 ・秋篠川はきれい？汚れている？ ・秋篠川に生き物はいる？いない？	●秋篠川の水質を分析し秋篠川がどのような川であるかを考えさせる。	

> 平城地域の秋篠川は、どのような川なのだろう？

| | ○秋篠川の生物指標調査を行う。
・秋篠川に生き物がたくさんいる！ | ●校区に流れる秋篠川を踏査し観察する。
●県の河川課と連携し秋篠川の水質調査を行う。
●保護者や地域の方に調査成果を発表して評価をもらう。 | |

すごい！秋篠川にはこんなに生き物が多くいるんだ！

水が冷たくて、気持ちいいー！

はじめて秋篠川に入って調査する

| | ○遠足で川上村の吉野川源流に調査に行き、森と水の源流館の見学から、吉野川の役割を見つける。 | ●川には多面的な役割があることを体験活動や博物館での展示見学を通じて実感させる。 | |

そうか！吉野川にはサワガニの住みかになる役割があるんだ！

吉野川は海の魚のエサをつくっている役割があるね。

| | ○源流館の尾上さんに見つけた吉野川の役割を発表し評価をもらう。
○新しい問いをつくる。 | | |

生物調査や展示から役割を探す

●遠足で体験し、事後学習で明らかにした吉野川の恵みについて、意見交換をする。

秋篠川は汚れてるから、無いと思うけど…

吉野川には役割がたくさんあるんやな。校区の秋篠川には役割があるのかな？

見つけた吉野川の役割から問いをつくる

> 平城地域の秋篠川は、どのような川なのだろう？

| | ○調査の方法を尾上さんに相談する。 | ●尾上さんが川の役割を見つけるために、各流域で聞き取りし村民に伝えている営みに出会わせる。 | ウ　①
ポート
フォリオ |

僕は水の恵みを守るために、流域の人と出会って聞き取りし、川の役割を村民に伝えています！そうやって川の恵みを守る人を増やしたいんだ。

僕も事務局長のように、秋篠川の役割を見つけて地域のおじさんに伝えたいな！

事務局長の営みを聞き、あこがれる

わしの田畑は、代々秋篠川の水を利用して育てとるよ。秋篠川の水は地域の農業を支えとるんじゃ。

なるほど、秋篠川にも農業の水になる役割があるってことですね。

農家の方に取材

○秋篠川の様々な役割をグループごとに地域の大人に聞き取り調査をし、まとめる。

ア　①
ポート
フォリオ

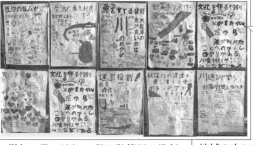

吉野川と同じように秋篠川にも11個の役割があった！秋篠川って、地域のくらしを支えてる川なんだな。地域の人に報告しよう。

学年で見つけた11個の秋篠川の役割

地域の方に昔の秋篠川の話を聞く

○現在と昔の秋篠川、吉野川の写真を比較し地域の課題に気づく。
・プラスティックごみが多い・雑草だらけだ
・でも昔は泳げるきれいな川だった

○新しい学習問題をつくる。

過去と現在の秋篠川の写真

秋篠川の問題を解決するために自分にはどのようなことができるだろう？①

○問題解決のために自主的に行動を起こす。
子どもが自主的にした行動
・プラスティックごみを出さない
・拾う・分別する
○漁師・きんき環境館・環境省職員と出会い、自主的な行動が海洋汚染問題への解決へとつながることに気づく。(地域から世界へ)

川のごみを
拾う児童

●環境省に行動を評価してもらう
●プラスティックごみが川や海の生物に及ぼす影響に気づかせる。

ア　②
ポート
フォリオ

秋篠川で育ったカニを食べて、このタコが旨くなるんや。でもな…

タコを守るために海のごみを拾ったりプラスティックを減らす漁師さんと、上流にいる僕らの行動はつながってるんだ。

君たちの行動は海洋汚染問題の解決（ＳＤＧｓ）につながってますよ。

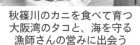

秋篠川のカニを食べて育つ
大阪湾のタコと、海を守る
漁師さんの営みに出会う

○秋篠川を再び見に行き行動を問い直す。

環境省の方に自分たちの行動を評価してもらう

小さなことが大きな力になるんだ

みんなで毎朝プラごみ拾ったり、エコバックを使っていたのに、ごみが無くならない！何で？

秋篠川を見に行くと…

●プラスティックごみを出さない・拾うの行動だけでは、秋篠川の問題は解決しないことに気づく。
●原因を追究し、問題を解決するためにできることを、これまで関わった大人に相談したりして考える。

ウ　②
ポート
フォリオ

	○拾ったごみを分別し原因を探る。 ・332個もプラスティックがあった！ ・大人が原因のごみばかりだ！	

秋篠川の問題を解決するために自分にはどのようなことができるだろう？②

| 三次 | ○グレタ・トゥーンベリに学ぶ。
○プラスティックの使用について地域の大人と考える。
○大人への訴えを地域に発表する。
○大人を巻き込む行動を実践する。 | グレタさんのように大人に責任があることを訴えて、大人を巻き込んでいいんだ！
グレタさんの演説に出会わせる | イ①
ポートフォリオ |

大人と一緒に秋篠川のごみ問題に気づける看板を立てたよ。

地域の農家と看板を設置する

拾ったごみを分析したら全部大人が出したごみでした。悲しいです。大人も私たちと一緒にプラスティックを使いすぎる生活を変えましょう！

秋篠川をきれいにして下流に流すのは皆さんの気持次第です。動かなければなにも始まりません。私の秋篠川宣言…

2020年2月8日世界遺産学習
全国サミットに発表した秋篠川宣言

2020年2月8日世界遺産学習
全国サミットにて、児童発表

5．成果と課題

　はじめに成果について述べる。2020年1月25日に開催された近畿「子どもの水辺」交流会、2020年2月8日に開催された世界遺産学習全国サミットで、市代表の学習発表校に選ばれた。発表に向けてクラスの子ども32人が行動宣言（秋篠川宣言）を作り教室に掲示した。当日全員がステージで秋篠川のプラスティック汚染に気づいた過程を発表し、その解決を大人に要請した。発表の最後に代表の子どもが行動宣言を発表したものを下記に示す。

> 　秋篠川はゴミの影響によってどんどん川の役割が失われ多くの悪影響が出ています。地域の問題が世界のプラスティック汚染問題にもつながっていました。秋篠川をきれいにして下流に流すのは皆さんの気持ち次第です。動かなければなにもはじまりません。汚れている川をきれいにしたいへ、興味がないを興味があるへ、ひとりひとりの気持ち、力が集まれば大きな力になります。私の秋篠川宣言「プラスティックをなるべく出さない、出してもちゃんとリサイクルする生活を心がける」
> （2月8日子どもの発表より）

　32人の行動宣言をもとにライフスタイルの変革への意識を検証した。その後1ヶ月間、子どもが家庭や地域で行なった行動化についてポートフォリオの記述をもとに分析した。行動宣言の中でライフスタイルの変革があらわれている言葉として「ポイ捨てしない」「ゴミを拾う」「プラスティックを使わない」の3つがあった。子どもたちが行動宣言に基づいて行動したこ

とを、ポートフォリオから確認したところ、それぞれ9人、10人、27人が行動していて、行動化がみられない子どもはゼロであった。このことから本実践が河川のプラスティック汚染を解決するための子どもの行動の変容につながったことが言える。

　この行動は、ロジャー・ハートの「参画のはしご」理論における7段階目にあたる。さらに8段階に進めるために学習展開の概要で示したようなに学習を展開していった。最終的に大人を巻き込んだ行動は、ロジャー・ハートの「参画のはしご」における最高段階の8段階であるといえるだろう。子どもたちは地域での学習発表会、近畿子ども水辺交流会、世界遺産学習全国サミットなどの発表の機会を利用して、秋篠川の課題解決への協力を大人に要請した。これを聞いた参加者に返答カードの記入を依頼したところ103人から返答を得ることができた。これらの返答を得たことで、「自分たちの思いが伝わって感動したし安心した」「大人が変わってうれしい」「グレタさんみたいにやってみてよかった」など学びの充実感や達成感を得ることとなった。

　次に課題について述べていく。本実践は2020年3月からの全国一斉休校により、児童が企画する地域の大人との秋篠川の一斉清掃を行うことができず終了した。しかし次年度も本校の教育課程に位置付けられ令和3年度も引き継がれている。コロナウイルスへの対策によりこれまでの学習活動を変更したり、体験活動やゲストティーチャーの招聘が難しい状況ではあるが、地域と連携しながら地域課題である秋篠川のプラスティック汚染の解決につながる子どもの参画を持続させていきたい。

【参考文献】

ロジャー・ハート,『子どもの参画』, 萌文社, 2000

本実践を通した考察

1. 属人的な実践から汎用性のある実践へ

　教科書のないＥＳＤの授業実践は、教員個人による気づきから始まる。その出発点は2つある。

　1つは、教員自身の持続可能な開発（以下、ＳＤ）に関するソマティック・マーカー装置が働き、地域にあるＳＤに関連した発見から、教材開発につながっていく場合である。もう1つは、児童生徒にＳＤＧｓに関する学習をしてもらいたいという願いから、ＳＤＧｓについて教材研究し、教員自身が最も関心のある目標につながる教材を地域で探して教材開発していく場合である。本実践の場合は、新宮氏の海洋プラスティック汚染問題への関心から教材開発が出発しており、後者のタイプである。

　この新宮氏の個人的な関心から始まった教材開発を、学年全体で取り組むためには、詳細はともかく、学年の教員全員に単元構想の概要を伝え、ベクトルを合わせる必要がある。さらに、児童の行動変容に効果的な学習の場合は、それを次の学年に引き継ぎ、学校としての特色ある授業実践へと育てていくことが求められる。

　この属人的な実践を汎用性のある実践にしていくことについて、ＳＤＧｓ不束会でも議論になった。その結果2つの方向性が見えてきた。

　まず、学年の教員間でのベクトルのあわせ方についてである。重要なことは、「学校を飛び出し、地域のためになる総合的な学習をやろう」という、熱い思いをストレートにぶつけ、1年後の子どもの変容（ゴールのイメージ）を共有し、単元構想図で学びを具体的に伝えると

共に、授業実践上のサポートを約束し、安心してもらうことが重要ではないかということで意見が一致した。

しかし、学年のベクトルを合わせることと、次の学年に引き継ぐことでは意見が分かれた。引き継ぐために、配付資料や授業記録、評価材料などの「単元パッケージ」を作成しても、それは作成された学年の児童の実態に即したものであり、児童が違うと思ったほどの学習効果が見込めるとは思えない。またいずれ形骸化していくと考えられるためである。だからといって、素晴らしい実践を捨ててしまい、また1から考えるのは非効率であるし、地域を巻き込んだ行動化が定着している場合はなおさらである。そこで、実践報告を行うと共に学校全体の総合的な学習のカリキュラムとして残し、テーマは引き継ぐが、授業実践をどう展開するかは、次の学年にまかせるというのがいいのではないかという意見が出されたが、どこでも同じような課題があるはずなので、継続課題とすることとした。

2．ゲストティーチャーとの連携に関して

本実践の特徴の1つは、多様なゲストティーチャーが授業実践に関わっているところである。そこで、ゲストティーチャーの活用について2つの話し合いがあった。1つは協力的な人材の見つけ方であり、もう1つはその人材との実践前の意見調整についてである。

新宮氏は、本実践の場合は「川の恵み」に関わる活動をされている「熱い人」を、日頃の交流から見つけていったと述べられた。言葉だけでなく、行動で児童に語ることができる方という意味である。

そして、授業実践前の話し合いにおいては、単元構想図で目指す子どもの変容と、そこへ至るために、現在考えている道筋を明確に伝えることで、「一緒に子どもを育てていく」という協同実践のスタンスで連絡を密にし、「してほしいことと、してほしくないこと（例えば教え込み）」をはっきり伝えることの重要性を述べられた。これにはSDGs不東会のメンバーも賛同し、教員にとってのコミュニケーション力の重要性が再確認された。

（中澤静男）

② いま、ここからつながる
―丘の子発！わたしたちのまちづくり―

大阪市立晴明丘小学校　教諭　金　子　　瑛

1．単元の目標

- 晴明丘をよりよい持続可能なまちにするために、実地調査やアンケート等の調べ学習に取り組み、収集した情報を整理し、地域の魅力や問題を発見する。　　　　　　　　（知識・技能）
- 自分が今、住んでいる晴明丘というまちをどのようなまちにしたいのか、獲得した知識を基にし、自分なりの思いや願いを言語化する。　　　　　　　　　　　　　（思考・判断・表現）
- 自分が起点となって様々な方と協力し、清掃活動や呼びかけ、環境整備等の活動を通して、地域への愛着を育む。　　　　　　　　　　　　　（主体的に学習に取り組む態度）

2．単元について

⑴ 教材観

　　児童が住んでいる晴明丘には、地域遺産（安倍晴明神社／熊野街道等）、商店街、公園、阪堺電車、坂といった「もの」が豊富にある。これらを日常生活で当たり前のように利用しているために、児童は気付きにくいが、それぞれに歴史や特徴をもっている。本教材はそれらに目を向けることができる。児童とそれらの「もの」との関係が変化していくに連れて、「晴明丘は私の住む素敵なまち！」という思いも強くなっていく。また、神社や公園を中心に夏祭りや秋祭り等、様々な「こと」も開催されており、地域の多くの「ひと」が企画・運営に携わっている。それぞれの「もの」がもつ課題の発見・解決に取り組む中で、「私は晴明丘地域の一員」という所属感を高めたり、人々の温かさに触れて地域への愛着を育んだりすることができるよう、本単元を設定した。

⑵ 児童観

　　本学年の児童は、生活科「どきどき わくわく まちたんけん」（第2学年）や、社会科「町の様子を調べよう」（第3学年）と学習を積み重ねてきている。そこで、地域に関する学習に取り組むにあたり、本学級の児童が、現在、晴明丘地域のことについてどれだけの知識を所有しているか把握するため、調査を実施した。

(1) 地域のイベントに参加したことがある。

■ある ■ない

・夏祭り ・ハロウィン秋祭り 等

(2) 地域の活動に参加したことがある。

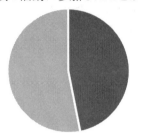

■ある ■ない

・清掃活動 ・ラジオ体操 ・夜回り

(3) お家の人と地域の話をしたことがある。

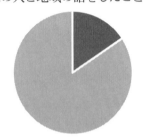

■ある ■ない

・公園を掃除してくれている人について
・通学路について ・災害時の対応 等

(4) 地域の自慢をしたことがある。

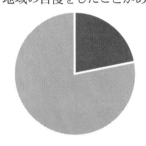

■ある ■ない

・公園が多い。・おいしいお店がある。
・都会だ。・公園でお祭りがある。 等

(5)「ここに住んでいてよかった」と思う。

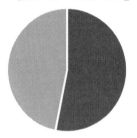

■思う ■思わない

・近所の人たちが笑顔で挨拶してくれる。
・公園が大きい。 ・津波が来ない。 等

(6) この地域が好き。

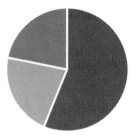

■好き ■わからない ■嫌い

・歴史を大切にしている。・きれい。
・考えたことがない。自然が少ない。 等

　アンケートの（3）や（4）の肯定的意見の数値は25％に満たず、「自慢するところがない」「面白い所がない」「あまり好きな場所がない」という記述も見られた。アンケート直後に行った地域に関する意見交換の時間においても、「そもそも考えたことがなかった。」という発言もあった。これらから、児童の地域に対する関心は高いとは言い難く、個人差はあるが、地域への愛着は希薄だと考えられる。

⑶ 指導観

第1次では、自分達が感じた魅力と問題の両面から地域を正確に捉えたうえで、よりよいまちの姿を思い描く力を伸ばしたい。そのために、実地調査やインタビュー、アンケートで収集した情報を、表を用いて魅力と問題に分類させる。魅力か問題か判断しやすいように、ＳＤＧｓ「11.住み続けられるまちづくりを」の目標と内容を紹介する。また、魅力とも問題ともとれる情報については対話する機会を設定することで、「このまちならではの特徴を生かしたい。」という、地域に対する思いや願いを引き出すことができるようにする。

第2次では、様々な人の思いや願いに触れることで、「この人達のためによりよいまちにしたい」というまちづくりに向かう力をさらに引き出したい。そのために、自分達が考えるアクションプランを作成し、実行する機会を設ける。地域の方をはじめとした大人の協力を得るためにアクションプランを提案することが予想される。それにあたって、「何を伝えるべきか」という問いを投げかけ、「何をしたいのか」という活動の内容だけでなく、「なぜしたいのか」という目的や意義まで伝えることが、人の心を動かすために大切であることに着目してプレゼンテーションを構成できるようにする。また、必ずしも提案が受け入れられるとは限らないことも伝え、別の解決策も用意させておくことで、学びが途切れないようにする。

第3次では、地域の創り手として、自分が起点となって行動し、地域への愛着を育むことができるようにしたい。自分が地域の創り手であることを実感できるように、第2次で協力してくださった方々から児童に宛てた手紙や、自分達が手を加えた場所を利用した方々の感想等を紹介する。それにより、地域の課題を"自分事"として捉えやすくし、「よりよいまちにしたい！」という思いをさらに引き出すことができるようにする。また、第1・2次の学習過程を「探究のサイクル図」にまとめることにより、「次に何をすべきか」「アクションまでに何をしておくとよいか」見通しをもって主体的に取り組むことができるようにする。

⑷ ＥＳＤとの関連

- **本学習で働かせるＥＳＤの視点（見方・考え方）**
  相互性：様々な「もの」や「こと」、人々の思いや願いが関連し合って、今の晴明丘がある。
  有限性：当たり前のように生活したり利用したりできているが、問題も抱えており、このままにしていては、住み続けられるまちとは言い難い。
  連携性：様々な立場の多くの人々が協力して、今も晴明丘をつくり続けている。
  責任性：よりよいまちにするには、未来の創り手である自分たちが起点となって行動することが大切だ。
- **本学習で育てたいＥＳＤの資質・能力**
  クリティカル・シンキング：歴史ある地域財や祭り、緑豊かな多くの公園等、普段、当たり前のように利用している地域の「もの」にこめられた、様々な人たちの努力や工夫、思いや願いに着目する。
  長期的思考力：「みんなが気持ちよく、次の人も気持ちよく」の考えを基に、地域や未来の創り手として、次世代のことも考えながら、理想の地域像を明確にしていく。
  協働的問題解決力：自分たちが起点となり、様々な人たちと手を取り合って持続可能なよりよいまちづくりに取り組む。
- **本学習で変容を促すＥＳＤの価値観**
  世代間の公正：これまでも現在も、様々な人たちが「晴明丘をよりよいまちにしたい。」と願っ

てまちづくりに取り組んできた。そして、その思いはこれからもつないでいくべき大切なもの。自分たちがそのバトンを受け継ぎ、地域を守っていきたい。

・**達成が期待されるSDGs**

　11. 住み続けられるまちづくりを

　17. パートナーシップで目標を達成しよう

3．単元の評価規準

ア　知識・技能	イ　思考・判断・表現	ウ　主体的に学習に取り組む態度
①実地調査やアンケート等の調べ学習に取り組み、自分が住む地域の魅力や問題を発見している。 ②よりよいまちづくりに関わって収集した情報を、図表等を用いて整理している。	①獲得した知識を基にし、よりよいまちづくりへとつながる自分なりの思いや願いをもっている。 ②アクションプラン作成にあたって、利用者や持続可能な管理方法を想定し、内容や手立てを検討している。	①友達や地域の方々と協力してアクションプランを実行する中でつながりの大切さを実感している。 ②よりよいまちづくりに、自分が起点となって取り組む中で、地域への愛着を育んでいる。

4．単元展開の概要（全35時間）

	○主な学習活動 ・児童（生徒）の反応	●学習への支援	△評価 ・備考
一次　発見！晴明丘の魅力と問題	○自分とまちとの関係をつかむ。 ・意外と知らないことがあるな。 ・祭りは誰がやっているのだろう。 ・公園や学校がたくさんあるな。 ・神社や阪堺電車はよく利用する。 ○SDGs 11に当てはめて地域の現状を捉える。 ・晴明丘はよいところもあるけれど、持続可能なまちとは言えないかもしれない。 ○実地調査から、今の晴明丘の魅力と問題を把握する。 ・相生公園は、緑豊かで竹もあるのは魅力だけれど、薄暗くて危険なのは問題だ。このままではいけない。 ・みんなが気持ちよく使い続けることができるようにするためにはどうしたらよいのだろう。 ○発見した魅力と問題から探究課題を設定する。 ・公園のことについてこんなに意見が出るとは思わなかった。 ・相生公園ならではのよさを生かしてよりよい公園にしたい。 ・それがまちづくりにもつながる。	・事前アンケートで実態を把握する。 ・クモの巣マップやクイズ等の活動を取り入れ、地域についてどれだけの知識を所有しているか、正しく自覚できるようにする。 ・SDGs 11のターゲットまで提示することで、今の地域が持続可能なまちかどうか根拠をもって判断することができるようにする。 ・実地調査の約束を確認し、安全確保をする。 ・魅力と問題はタブレットで撮影させ情報を共有しやすくする。 ・収集した情報を整理しやすいよう、算数科と関連させ、図表を用いる。 	 △ア1 △ア2

二次 丘の子発！私たちのまちづくり①	○選択した場所（相生公園）の在り方について考え、思いや願いを言語化する。 ・相生公園の竹や斜面を上手く生かすことはできないかな。 ・落葉もたくさんあるから、竹や斜面と組み合わせて、相生公園ならではの自然の遊具を作るのはどうか。 ○アクションプランを作成する。 ・持続可能なまちにするため，私たちができることは何だろう。 ・私たちだけではできないことがあるから、地域の方にも協力してもらいたい。 ・どんな順番で取り組めばいいかな。 ○アクションプランを実行する。 ・地域や住んでいる人の役に立つことができて嬉しい。 ・もっと地域をよくするために，自分にできることがあるはずだ。 ・自分たちが行動を起こすことで地域の方々と仲を深めることができた。 ○各学級の実践を交流する。 ・みんな、晴明丘地域のために色々な活動をしていたのだな。すごい。 ・でも、このまちには他にも持続可能でない場所があるかもしれない。	・前時の振り返りと人を取り巻く環境に関する概念とを関連付けて捉えることができるよう、表を提示する。 ・ポートフォリオを見返したり，アンケート結果を集計したり，その結果から地域の方々の想いや願いを汲み取ったりする時間を設ける。 ・誰と取り組むか、実行までにすべきことは何か等，スモールステップで計画させることで，何について考えればよいかを明確にする。 ・協力してくださる方々と打ち合わせを行い，児童の思いや願い，計画を理解していただく。 ・達成感やつながりの大切さを味わうことができるよう，利用する時間を設ける。 	△イ1 △イ2 △ウ1 △ウ2
三次 丘の子発！私たちのまち②	○さらに住みよいまちにするためのテーマを設定する。 ・持続可能なまちにするためには、私たちにできることがまだあるかもしれない。 ・今までの学び方を生かせば、自分が起点となって実践できそう。 ○実地調査を行い、情報を収集する。 ・持続不可能な所はやはりあった。 ・5年生だけではなく、丘の子全員で取り組むのはどうだろう。 ○対象となる「もの」の構成概念から現状をつかむ。 ・神社は子どもからお年寄りの方まで様々な人が利用する。どんな工夫でみんなが気持ちよくなれるかな。 ・様々な人が関わっていることを全校の友達に知ってほしいな。 ○思いや願いを言語化し、アクションプランを作成する。 ・校内で広めるには、全校朝会を活用しよう。	・ＳＤＧｓ11の視点から，今の晴明丘がよりよいまちといえるか、捉え直す機会を設ける。  ・対象となるものを正しく把握できるように、人を取り巻く環境に関する概念の視点から捉えさせる。 ・アドバイスし合う機会や話型を設定することで、よりよいものへと改善できるようにする。	△イ1 △ア2 △ア1 △イ1 △イ2

しよ ・何を伝えたら、みんなも行動しようと思うかな。 ○アクションプランを実行する。 ・これからも地域をよりよくする活動に続けて取り組みたい。 ・自分が起点となり，手を取り合って取り組むことでできる事が増えて、地域ももっとよくなる。 ・ＳＤＧｓとつなげて考えることで、自分たちのできることがはっきりする。 ・ユネスコスクールの最高学年としてみんなをリードし続けたい。 ○振り返りを記入し、交流する。 ・コロナ禍でできることは少なかったが、少しでも地域の役に立てたことがよかった。	 △ウ1 △ウ2 ・クモの巣マップを広げることで、本単元を通して自己が成長したことを視覚的に実感することができるようにする。

5．成果と課題

　「ＳＤＧｓ11の視点から晴明丘地域の魅力と問題を捉える」「自分を起点としてまちづくりに取り組むことで、地域への愛着を育む」という２つの課題を本単元では設定した。

　「ＳＤＧｓ11の視点から晴明丘地域の魅力と問題を捉える」という課題においては、公園に焦点を絞って調査を実施したうえで、それぞれの特徴を比較・分類する活動に取り組んだ。それにより、児童は、人を取り巻く環境に関する概念を根拠として魅力と問題をつかむことができた。これまで何気なく利用してきた地域の公共スペースについて、ＳＤＧｓ11の視点から捉え直す様子が見受けられた。それにより、「地域がもつ持続可能性」及び「地域が抱える持続不可能性」に気付き、「私たちのまちを持続可能な笑顔あふれるまちにするには」という疑問や思いを膨らますことができていた。

　一方の「自分を起点としてまちづくりに取り組むことで、地域への愛着を育む」という課題については、インタビュー・アンケート調査を通して、地域の方々の声に触れることで、地域のものや人がもつあたたかさを感じることができていた。だが、地域の方々と連携を図ったり、交流の場を設けたりすることに課題を残した。

　また、ＳＤＧｓ11に基づき、相生公園をよりよい公共スペースにする案を出し合う場面を例に協働的な課題解決について考察する。「他の公園に比べ、竹林や木々など、緑豊かな所が相生公園のよさ。」と多様性に注目した意見が、「緑豊かというよさを生かし、地域の人がゆったり過ごせる場に。」と相互性をもった意見へとつながった。さらに、「相生公園のよさを残しつつ、急な斜面を活用することもできないか。」と、有限性に目を向けることで学びを深めていた。また、「公園を利用するのは私たちだけはない。地域の方々の声も聴きたい。」「私たちだけでは難しいことも多い。地域の方々に協力してもらいたい。」など、つながりを尊重する態度も見られた。アンケート調査により、地域の方々の声を聴くことはできた。しかし、地域の方々と協力してアクションプランを実行することはできておらず、やはり、「人とのつながり」を深めることができたとは言い難い。

　毎時間、５分以上、フィードフォワードの時間を設け、自分たちでできそうなこと・やりたいことについて書いたり話し合ったりすることで、地域への思いや願いを深めてきた。コロナ

禍のため、制限されることは多かった。しかし、「コロナ禍だからこそできることは何か」という視点も併せて考えることで、「私たちだけでなく、校内に広めるのはどうか」「1人1人が小さな取り組みを持続することができればSDGs 11につながるのではないか」と、持続可能性の高い実現可能な内容や方法について提案する様子が見られた。

本単元の学習を通して、「この地域のことが好きだ。」というアンケートに肯定的な回答をした児童は、事前の約56%から約85%へと向上した。

6．本実践を通した考察

本実践は、新型コロナウイルスの感染拡大に伴い、大阪府・市に「新型コロナウイルス感染症緊急事態宣言」が発せられたこともあり、授業実践がかなり制限されてしまった。世間では、飲食店の自粛要請など、感染拡大防止と経済のトレードオフについて議論沸騰という状態だが、感染拡大防止と「学ぶ権利」との関係にも目を向けるべきであろう。

さて、本実践の報告に伴い、授業者である金子教諭から参加者に対して3つの質問が出された。

- コロナ禍での地域との関係づくり
- 学校の特質を生かした総合とESD
- 資質・能力と年間指導計画の紐付け

(1) ESDとまちづくり・総合的な学習の時間

ESDにおけるまちづくりとの関わりには、大きく2つの方向性がある。1つは、地域にある課題から1つ選んで教材化し、その原因を探り解決策を模索する学習活動を通して、地域人材と出会い、その生き方にふれることで、地域の担い手意識を養ったり、地域の改善活動に参加したりしようとする主体を育成するものである。もうひとつは、地域に関する様々なデータをもとに、例えば30年先にあってほしい街の姿を設計し、そこに向けた計画を考えるというバックキャスティングの発想によるものである。

本実践においては、校外学習に大きな制約が生じたため、まちづくりの対象を「相生公園」に絞り、地域住民の声を反映しながら全体像を模索し、その実現のための改善策を1つ1つ考えるというバックキャスティングの手法がとられている。2015年に採択された2030アジェンダは「我々の世界を変革する／持続可能な開発のための2030アジェンダ」である。現在の持続不可能な社会の発展ではなく、路線変更して、これまでとは違う持続可能な社会を目指す足がかりとなるのがSDGsである。まったく新しい社会の創り手を養うESDにおいては、今回のようなバックキャスティングの学習を模索することは重要である。

(2) コロナ禍での地域との関係づくり

本実践においては、新型コロナの感染拡大により、校外での学習については「校区内なら可」という校長先生の判断のもと、できそうなことについて試行錯誤を重ね、「相生公園をよりよい公共スペースにする」という教材の絞り込みをされた。ことなかれ主義に陥ることなく、児童の健康確保と学ぶ権利の両立を模索された姿勢に学ばれる。自治体の方や地域の方を招聘することができないなか、児童の学ぶ意欲の継続について、参加者から質問が出された。本実践においては、地域の方と出会う機会がないなか、「地域住民の声を授業に取り入れること」×「児童の学ぶ意欲の継続・向上」という課題があったが、児童の発案で、地域住民にアンケート調査を行うことで児童の学習意欲が継続できた。アンケート内容を考えるだけで

なく、コロナ禍での配付方法や収集方法を考える必要があり、いつもよりハードルが高くなった分、児童の意欲も高まったと実践者である金子教諭が述べられていた。このアンケート調査の取組に、金子教諭から出された問いの１つ目「コロナ禍での地域との関係づくり」に対する答えがある。緊急事態宣言下では、児童が地域に出て学ぶことも地域人材をゲストティーチャーとして学校に招聘することも難しい。一方で、ＥＳＤとして取り組まれることが多い社会科や総合的な学習の時間では、地域を教材化して授業実践することが多い。地域と関わることのないＥＳＤや社会科は机上の学習に終わってしまい、見方・考え方の育成や行動の変革を促すことができない。

　本実践における事前の評価を見ると、授業以前に地域のイベントや活動に参加した経験がある児童は少数派であり、家族と地域のことについて話し合っている児童は 25％にすぎない。この状況では、このアンケート調査がなければ、机上の勉強に終わってしまい、持続可能な地域社会の創り手の育成には至らなかったであろう。2021 年 6 月 6 日発行の毎日新聞の"時代の風"に総合研究大学院大学長の長谷川眞理子氏が「18 歳意識調査」のデータを紹介している。それによると、「自分で国や社会を変えられると思うか」という質問に対して、「そう思う」と答えた日本の若者は 18.3％、また「社会の課題について家族や友人と積極的に議論しているか」では 27.2％と低調であったようだ。このような現実において、岡山県立矢掛高等学校の「やかげ学」は 1 つの解決策であろう。矢掛高等学校では、地域での職場体験学習を充実させることで、高校生の地域社会への関心を高め、地に足のついたＥＳＤを展開している。キャリア教育とＥＳＤの融合である。

　コロナ禍においても、地域をよく知る機会をつくっておくことは重要であり、児童生徒の発達段階に即した地域での学びについて模索していくことが、新しい授業を開発する契機にもなるだろう。

⑶ カリキュラムマネジメントについて

　ＥＳＤでは学習効果を高めるために、ホールスクールアプローチが推奨されている。全教職員が目標を共有し、教育活動を展開する上で、カリキュラムは欠かせない。一方で、カリキュラムはいつのまにか形骸化してしまうのも事実である。本研究会に参加した教員は、ＥＳＤカレンダーの作成に着手した経験があり、ＥＳＤカレンダーが年間の学習をＥＳＤの視点から俯瞰するためには有効であることを認めつつ、よりわかりやすく、次年度の担当者にも実践の中核が伝わるカリキュラムづくりに取り組んでいた。大牟田市の教員からは、ＥＳＤストーリーマップが紹介され、奈良市の教員からは、具体的な授業レベルにまで落とし込んだ総合的な学習の時間の年間計画が紹介された。今後の研究課題の一つとしたい。カリキュラムについては、「継続」と「修正しつつ継続」、「完全リニューアル」といった課題もある。児童生徒の実態、地域の実態、教員の異動など様々な要因・影響も踏まえて議論していきたい。

（中澤静男）

3 880年もつづくおんまつり

奈良教育大学次世代教員養成センター　特任准教授　大　西　浩　明

1. 単元の目標

- ・「おん祭」は、奈良の人々の生活の安定と向上を図ろうとする、人々の願いが込められたものであり、祭りを保存・継承するために工夫や努力を続けきたから、880年も一度も途切れることなく行われていることを、見たり聞いたりして理解する。　　　　　（知識・技能）
- ・「おん祭」が、奈良の人々の幸せなくらしを願ってのものであることや、880年も一度も途切れることなく続けられてきたわけを、調べたことをもとに考え、適切に表現する。
　　　　　　　　　　　　　　　　　　　　　　　　　　　　　　　　　（思考・判断・表現）
- ・「おん祭」に関心をもち、一度も途切れず続いてきたことについて意欲的に調べたり考えたりするとともに、大切に守り続けていこうとする態度をもつ。
　　　　　　　　　　　　　　　　　　　　　　　　　　　（主体的に学習に取り組む態度）

2. 単元について

(1) 教材観

　　本単元は、学習指導要領（5）「地域の人々の生活について、次のことを見学、調査したり年表にまとめたりして調べ、人々の生活の変化や人々の願い、地域の人々の生活の向上に尽くした先人の働きや苦心を考えるようにする。」のイ「地域の人々が受け継いできた文化財や年中行事」にあたる。

　　「春日若宮おん祭」は、1136年に関白藤原忠通が農作物の豊作を願って始め、約880年一度も途切れることなく続けられている奈良市で最も大きな祭りである。12月17日午前0時、春日大社の摂社である若宮神社の若宮神を、春日大社の参道にあるお旅所に遷す「遷幸の儀」から始まり、神楽や猿楽などの数々の古典芸能が演じられる「お旅所祭」が行われる。正午からは、平安時代から江戸時代までの様々な衣装で練り歩く「お渡り式」が行われ、行列が歩く三条通りには多くの出店が立ち並び、たくさんの人で賑わう。「お旅所祭」は深夜まで行われ、若宮神を若宮本殿に帰す「還幸の儀」まで古式に則り行われる。

　　奈良では、昔から年の瀬のいちばん大きな祭りとして、この日ばかりは農作業を休み、普段は食べないごちそうを用意したり贅沢をしたりして、大人も子どもも祭りに参加して楽しんだ。現在も、奈良市内の公立小学校では、この日はおん祭に出向くことができるように授業を短縮している

(2) 児童観

　　中学年になって社会科の学習を始めた児童は、校区しらべや奈良市しらべ、お店の人々の工夫など、地域に出かけて学習することの楽しさを味わってきた。特に、3年生での買い物

調べから始めたお店の学習では、自分たちの生活と密接に関わっていることから意欲的に取り組み、社会科の学習は自分たちの暮らしを見つめるものであることを実感しつつある。しかし、資料から正しく読み取ったり、見学や聞き取りから自分にとって必要なことがらを取捨選択したりする力はまだ弱い。また、話し合う活動についても、事実や経験を根拠にして分かりやすく伝えたり、そこから自分の考えをつくったりする力は、その経験が少ないため、まだまだ身に付いていない。

春日大社は校区であるため、おん祭に関しては、授業が短縮になって昼前から遊びに行けることを楽しみにしている児童は多いが、祭りそのものの内容やその意味、また長く続いてきたことはほとんど知らない。

(3) 指導観

まず、第一次では、だれもが一度は行ったことがあるおん祭について知っていることを出し合う。おそらく、「行列を見たことがある」「いっぱいお店が出ているからいろんなものを買ったりする」などの意見は出るだろうが、児童は祭りそのもののことはあまり知らないだろうし、880年も一度も途切れることなく続いているという事実に驚くであろう。そこで、「なぜ、おん祭は880年一度もとぎれることなく続いているのだろう?」という学習問題を設定する。

第二次では、おん祭がいったいどのような祭りなのかを、パンフレットなどの資料から読み取らせる。そして、実際に若宮神社やお旅所などへ見学に行ったり、実際の祭りの様子を映像で見たりする。さらに、祖父母などに、以前のおん祭のときの様子や楽しみなどについて聞き取りを行い、昔からおん祭がいちばんの祭りであり、奈良の人たちにとっては特別な日であったことを実感させる。また、春日大社の方にその保存と継承にかける工夫や苦労など、おん祭に関わる思いについて話をしていただき、学習問題の解決に向けた自分の考えをつくらせたい。

第三次では、学習問題の解決のために、「これからもおん祭は毎年続いていくのだろうか?」というテーマでねり合いをする。児童の大部分はおそらく「続いていく」と考えるであろう。では、なぜ続いていくと考えるのか、続いていくためにはどんなことが必要なのかということを話し合うことを通して、880年間続けてきた人たちの工夫や苦労に思いを馳せることができると考える。そのために、長く続いた祭りであっても様々な事情でなくなってしまう祭りの例を提示する。その事情の中身を考えることで、それでも一度も途切れず880年も続いてきたおん祭のすごさを実感させるとともに、これからの自分のおん祭への見方や参加の仕方を考えさせてみたい。

さらに第四次では、おん祭と同じように一度も途切れることなく1250年以上続けられてきた東大寺二月堂のお水取りを取り上げ、長く続く行事にはそこに暮らす人々の切実な願いと、それを守り続けていくための工夫や苦労があることへの理解を深めたい。

(4) ESDとの関連

・本学習で働かせるESDの視点(見方・考え方)

有限性:続いてきた祭りや行事でも様々な要因によって途絶えてしまう。

公平性:時代を超えてよりよい生活のために続けられている。

連携性:様々な立場の多くの人々が協力して続けてきた。

責任性:続けていくにはそこに住む自分たちの行動が大切である。

・**本学習で育てたいＥＳＤの資質・能力**

システムズ・シンキング：880年も続いてきた理由について、奈良の様々な人たちの努力や工夫を考える。

協働的問題解決力：継続するために、自分たちも関わっていく。

・**本学習で変容を促すＥＳＤの価値観**

世代間の公正：いつの時代も平和で幸せに暮らしたいという人々の思いは同じだから、おん祭はずっと続いてきたし、これからも続けていきたい。

・**達成が期待されるＳＤＧｓ**

11．まちづくり

16．平和・公正

3．単元の評価規準

ア　知識・技能	イ　思考・判断・表現	ウ　主体的に学習に取り組む態度
①おん祭りは、人々のよりよいくらしを願って880年も一度も途切れることなく続けられていることを理解している。 ②おん祭が長く受け継がれてきたのは、地域の人々の祭りに対する願いや熱い思い、様々な工夫や苦労があったことを理解している。	①おん祭は、人々のよりよいくらしを願って地域の人たちが工夫や苦労をしながら880年も続いてきたことを考え、適切に表現している。 ②奈良には古くから大切に受け継がれてきた「たからもの」が数多くあることを考え、適切に表現している。	①昔から続くおん祭に関心をもち、意欲的に調べたり考えたりしている。 ②古くから受け継がれている「たからもの」を大切に守っていこうとする態度を表している。

4．単元展開の概要（全9時間）

		○主な学習活動 ・児童（生徒）の反応	●学習への支援	△評価 ・備考
一次		**本時の課題**「**おん祭について学習問題をつくろう**」（1時間） ○おん祭について知っていることを出し合い、学習問題を設定する。 ・毎年学校が早く終わるから家族と行く。 ・たこやきや唐揚げを買って食べる。 ・たくさんの人が行列に参加している。 ・大きい馬がたくさん歩いたりしている。 おん祭は、いつから始まったのだろう？ ・1136年に始まったと書いている。 ・「一度も途切れずに」と書いている。 ・「ききんが起こって」と書いている。 おん祭は、若宮という神様を1年に1回だけ外に連れ出して	・自分がどんなふうにおん祭と関わっているか、どんな店でどんなものを買ったりしたかなど、自由に交流させる。 ・「わたしたちの奈良市」の記述から拾い出させる。	△ア① ウ①

「おもてなし」する行事です。

> なぜ、おん祭は 880 年一度もとぎれずに続いているのだろう？

学習問題に対する考え
・屋台とかあって楽しいから
・楽しく暮らせるように願いをこめて
・神様によろこんでほしいから　など。

二次	**本時の課題** 「**おん祭はどんなお祭りなのだろう**」（2時間） ○おん祭のパンフレットから、いつ、どこで、どんなことが行われているのか、なぜ始まったのかなど、各自で調べ分かったことを出し合う。 ・12月15日から4日間もやっている。 ・若宮様に食事を出したりしている。 ・お旅所祭ではいろいろな歌や踊りをしている。 ・競馬や流鏑馬、相撲なんかもある。 ・神様に喜んでもらうためなんだな。	・「おもてなし」をするとはどうすることか、自分がしてもらってうれしいことから考えさせる。 ・なぜ「おもてなし」をするのか話し合う。 ◇もっと暮らしがよくなるように ◇幸せになれるように ◇平和な世の中でいられるように ・DVDで遷幸の儀やお旅所祭の様子を見てから現地に行くことによって、より臨場感をもたせる。	△イ① ウ① ・おんまつりのパンフレット ・DVD「春日大社祈りの記録」
	本時の課題 「**おん祭はどんなお祭りなのだろう**」（2時間） ○若宮神社、お旅所、一の鳥居など、おん祭に関わる場所へ見学に行く。 若宮神社にて　　　お旅所にて ・よく歩くところなのに知らなかった。 ・お旅所まで1時間もかけて行くんだな。	・家族（特に祖父母）に子どもの頃のおん祭について聞き取りしてくる課題を出しておく。 ・約50年前のおん祭の写真を見せ、店の違いや祭りに来ている人の表情に注目させる。 ・大人も子どもも、この日だけは特別な日であり楽しみであったことをおさえる。	
	本時の課題 「**おん祭はどんなお祭りなのだろう**」（1時間） ○家族からの聞き取りをもとに、50年ほど前と今のおん祭を比較する。 ・行列など祭りの内容は変わっていない。 ・サーカスやひよこ釣りがあった。 ・かにや植木の苗、雑貨などが売っていて、大人の人向けの店が多かった。 ・買い物をして正月の準備ができた。 ・この日だけは鶏のすき焼きを食べられた。 ・学校も仕事も午前中で終わりだった。 ・寒い日が多かった。 ・もう年の終わりだなと感じた。　など。		△ア② イ①

	本時の課題 「おん祭はどんなお祭りなのだろう」（1時間） ○春日大社の方からおん祭について話を聞く。 お話の内容 ・戦争や飢饉、天皇が亡くなったなどでできない年もあったが、そんな時は次の年に2回やった。 ・毎年続けるためには何千万円もかかるが、奈良の人たちの寄附などで続いてきた。 ・今は、「おん祭保存会」が春日大社と協力しながら続けている。 ・お店だけでなく、祭りに興味をもってほしい。	 春日大社の方に来ていただいてお話を聞く。	
三次	**本時の課題** 「おん祭はこれからも続いていくのだろうか」【ねり合い】（1時間） ○これまでの学習をもとに自分の考えをまとめ、話し合う。 ・続いていく（28人） もう戦争もないし、起こらないと思う できないときも次の年に2回やればいい ここまで続いたら何があっても続いていくと思う 奈良の人みんながお金を出し合うから ・続いていかない（4人） お金が続かない 自然災害が必ず起きる ○続いていかない要因について考える。 ・戦争が起こる。 ・災害が起こる。 ・おん祭をするお金がなくなる。 ・住んでいる人が少なくなる。 ・続けようとする人が少なくなる。 ○学習問題に対する自分の答えをまとめる。 ・みんなが続けていこうと強い気持ちがあった。 ・お金を出し合ったりして、みんなで協力して続けようとしてきたから。 ・みんなにとって大切なお祭りだし、続けていきたいと願う人がたくさんいたから。	・そう思う根拠をこれまでの学習や経験から明らかにさせる。 できなくても次の年に2回やるとか工夫してきた。 おん祭を続けたいと思う人が減ってきたらどうするの？ だからみんなでお金を出し合ってきたんだと思う。 これから戦争が起こるかもしれない。 ・約400年続いた大柳生太鼓踊りが、後継者不足により2012年に途絶えてしまったことを知らせる。 ・最初に考えた予想と比べて、どんなふうに変わったか、なぜ変わったのかを考えさせ、自分の学習の深まりを実感させる。	△ア① ウ②

	・戦争があろうが、災害があろうが、毎年必ずやろうと多くの人が努力したから。　　など。	
四次	本時の課題「お水取りについて知ろう」（1時間） ○お水取りについて知り、おん祭と似ているところを考える。 ・人々の幸せを願った行事だ。 ・一度も途切れず毎年続いている。 ・途切れそうになっても東大寺のお坊さんたちが努力して続けてきた。 ○奈良について、古くから続くお祭りや行事について自分の考えをまとめる。	・資料からお水取りについてその内容や、1260年以上一度も途切れず続いていることに気付かせる。 ・身近なところにも、古くから大切に受け継がれている行事やお祭りが多くあることに気付かせる。	△イ② ウ②

5．成果と課題

　パンフレットや本、インターネットなどから読み取る活動、現地見学、家族からの聞き取り、ゲストティーチャーとの対話など、多様な調査活動を組み合わせたことと、そこから分かったことをもとに、「これからもおん祭は続いていくのか」を話し合う活動によって、本学習で働かせるESDの視点（有限性、公平性、連携性、責任性）をもとに、ESDの資質・能力（システムズ・シンキング、協働的問題解決力）を育むことができたと考える（「展開の概要」の児童の反応を参照）。特に、古くからずっと続いてきているお祭りなどは、毎年あって当たり前と思っていたのが、実はそうではないということに気付くことにより、身近な行事の中に有限性や連携性などのESDの視点を児童自ら見出すことができたように思う。

　そして、880年も一度も途切れることなく続いてきたことの理由や意義を、奈良に生きる者として自分事化して考えることができた。また、ESDの価値観「世代間の公正」については、いつの時代もよりよい暮らしを求めていた人の営みに気付き、だからこそ続いてきた大切な祭りを、これからは自分たちが守っていく立場になっていくという使命感を持つところまで高めることができた。これまでは出店に行くことしか楽しみを持てなかった児童らが、祭りそのものに興味を持つようになったとともに、これ以外にも奈良には様々な「大切に受け継がれてきたもの」が数多くあることに誇りと喜びを感じ、地域に対する愛着も深まったように思う。そして、これからもおん祭を続けていくためには、自分たちの地域が住みよい町であること、平和であることが大事で、そのためにも様々な地域の課題解決に向けて一人一人ができることを行動に起こしていくことが大切であるという考えを持つことができた。

　また、他地域より直前に転校してきた児童は、おん祭やお水取りに馴染みがなかったが、以前に住んでいた地域の祭りのことを調べてみると、やはりそこには人々のよりよい暮らしを求める願いや、祭りを続けていこうとする多くの人たちの営みがあることが分かり、地域に伝わる祭りや伝統行事はどこも同じなのだという理解に至った。このことから、本実践は汎用性があると言うことができる。

　コロナ禍において、何百年と続いてきた行事も中止になったり、形を変えて実施されたりしている。おん祭も、お渡り式が大幅に縮小されて行われた。春日大社の方のお話の中にあった、「できない時もあったが、次の年に2回やった」のはなぜなのか、そこまでして毎年行うことの意味は何なのかをさらに深めることによって、よりよい暮らし、よりよい社会への人々の渇望、そしてそれに対する人間の力の大きさを感じることができるのではないかと考える。

6．本実践を通した考察
【現実的な行動化を目指す】

　　単元の最後に、おん祭やお水取りなどから奈良について考えたことを書かせた。

（A児）

　奈良には、人々の幸せを願う、昔から続いていることがたくさんあることが分かりました。また、それらの行事を行うために、たくさんの人が苦労や工夫を重ねていることも分かりました。このように、みんなが楽しみにしている行事やお祭りは残していかなければいけないと思います。そのためには、わたしたち子どもも関心を持ち続けていくことが大切だと思います。

（B児）

　奈良は、古くからの祭りや行事、世界遺産などのものを大切に次の世代にわたしてきた。そこには、「つづけよう」「残していこう」とたくさんの人が努力してきたことが分かった。もっと長く続けていくためには、ぼくたちが伝統を受け継いだり、行事に協力したりすることが大切だと思う。これまではおん祭に行っても出店しか楽しんでいなかったが、今年のおん祭はしっかりといろんな行事を見たいと思う。

　　少なくとも学習後には、このように自分の行動様式を批判的に考えられる姿を目指したいものである。単元の終末に、よく「これからわたしたちはどのように行動していけばよいだろうか？」という問いを設け、児童に行動化を促す展開が見られる。ESDとしては大切な場面であるが、そこで児童が考える行動化の内容が大切であると考える。いくらよいことを考えても、それが今実現可能なのかどうか、本当にそれを行動にうつしていくことができるものなのかを精査するべきであると思う。

　　おん祭の場合、「お金を寄付しよう」と言ったところで４年生の児童には無理がある。「自分も行列に参加する」と言っても、家族の理解と協力がなければ実現できるかどうか分からない。それよりも、４年生という発達段階を考慮すれば、「今年は祭りをしっかり見ようと思う」の方が現実的である。実際、「関心を持ち続けることが大切」と書いたA児は、学習後に地域で行われた「子どもおんまつり」に自ら参加し、この学習から分かったことや感じたことを大勢の観客の前で堂々と発表した。また、B児はこの学習の２か月後にあったおん祭では、15日の大宿所祭も見学に行ったり、17日の行列後のお旅所祭を見学したりと、記述通りの行動をしていた。

　　ESDは、価値観と行動の変容を促す教育であるから、単元構成としては学習後に何かしらの行動変容を求めたいし、その内容を考えたり話し合ったりする活動は必要であると思うが、その際には、

- 今自分だけでもできること
- 一人では無理だが家族などの協力があればできること
- 今はできないが、大人になったらできること

など、きちんと区別しながら考えることで、より現実的で意味のある行動化につなげられるのではないかと思う。

（大西浩明）

ＥＳＤの授業づくり　「単元構想図の作成」

おん祭について知っていることを出し合おう

みつめる①

- 毎年授業が早く終わって見に行ったりするよ。
- たくさんの人が来ていて、お店もいっぱい出ているよ。
- 昔の衣装を着た人が大勢行列で歩いたりしているよ。

880年前から毎年一度も途切れることなく続けられている！

一年も途切れることがなかったってすごいことだなあ。

なぜ、おん祭は880年一度もとぎれることなく続いているのだろう？

おん祭はどんなお祭りなのだろう？

しらべる⑥

- 正しくは「春日若宮おん祭」で、春日大社の若宮という神様の祭り。
- 若宮様を外に連れ出して、神様に喜んでもらえるようにおもてなしをする。
- 食事を出したり、歌や踊りを披露したりしておもてなしをする。
- 相撲や競馬なんかもある。
- だから、12月17日の昼の行列だけでなく、いろいろな催しや行事がある。
- 奈良市では昔からいちばん大きな祭りでみんな仕事を休んで祭りを楽しんでき

おん祭が行われる場所へ行ってみよう（若宮神社、お旅所、一の鳥居）

おじいちゃんやおばあちゃんに昔のおん祭りのことを聞いてみよう

春日大社の方に話を聞こう

あの場所にそんな意味があったなんて知らなかったなあ。

奈良の人にとってはすごく大切なお祭りでみんな楽しみにしていたんだなあ。

毎年続けていくためにはたくさんの人が関わっているんだなあ。

ふかめる①

これからもおん祭は毎年続いていくのだろうか？

- 奈良の人にとって大きな楽しみだからずっと毎年続くと思う。
- 人々の幸せを願ってのお祭りだからずっと続いていくと思う。
- 続いていくとは思うが、そのためにはわたしたちがもっと関心をもたなくては。
- おん祭りを支えている人たちが多くいることを忘れたらだめだと思う。

ひろげる①

奈良でずっと続いている他の行事はないのだろうか？

古くから続いているものはそれだけ多くの人の願いがこめられているんだなあ。

<u>お水取り</u>
- 1260年以上も毎年途切れることなく続いている。
- 人々の幸せを願って仏様に悪い行いをおわびする行事。
- 「お水取りが終わらないと奈良に春は来ない」
- 全国的にも有名でたくさんの人が見物に来る。

奈良にはすばらしいお祭りや行事がたくさんあるんだなあ。

（大西浩明）

→ 68ページにつづく

4 戦後の日本と高度経済成長期
—社会の構造に着目した公害の学習—

大分大学 専任講師 河 野 晋 也

1．単元の目標

- 戦後の復興から高度経済成長期まで、日本社会や国民の生活が変化していったことを理解するとともに、公害が起こった要因について、社会の変化と関連付けて理解し、調べたことをまとめる技能を身に付ける。　　　　　　　　　　　　　　　　　　　（知識・技能）
- 戦後の復興や国民のくらしが大きく変化したことについて多角的に考えたり、経済成長と公害とを関連付けて考えたりして、より良い社会の在り方についての自身の意見を明確に持ち、議論する。　　　　　　　　　　　　　　　　　　　　　　　（思考・判断・表現）
- 高度経済成長期の発展と自分たちの生活の様子を関連付け、関心をもつと共に、より良い社会の在り方や生活の在り方について考えようとしている。（主体的に学習に取り組む態度）

2．単元について

(1) 教材観

　　戦後の日本は、住居や食べ物の確保にも苦労するほどの厳しい時代を経て、人々の努力によって急速に復興していった。終戦後約20年が経過する1960年代には、日本は高度経済成長期と呼ばれる時代に入り、人々の生活は大きく変化した。

　　一方、様々な公害が問題化したのもこの頃である。本単元では、「公害の原点」ともいわれる、熊本県水俣市で発生した水俣病を扱う。水俣にあった工場が、アセトアルデヒド生産時に出る、メチル水銀を含んだ工業廃水を水俣湾に排出したことが原因である。メチル水銀が魚介類の中に蓄積され、食物連鎖によって生物濃縮し、それを食べた不知火海（現八代海）沿岸の熊本県や鹿児島県の住民の一部に水俣病が発症した。

　　水俣病の被害が拡大した背景には、複雑な社会構造が関係していると考えられる。例えば、水俣市のコミュニティや、当時の日本社会の問題である。水俣病に関して、この2点について述べる。

　　まず1つ目の水俣市のコミュニティの問題についてである。当時の水俣市は、いわゆる企業城下町で、工場に依存し、多くの市民が工場で働いていた。生活の基盤でもある工場の責任を追及することは難しい。裁判に勝った患者たちの中には、「勝ってしまった」と戸惑いを見せる人もいたし、裁判を起こしたことを非難されることもあった。また当初発症したのは、魚を多く食べていた不知火海沿岸の漁師たちだった。彼らの多くはもともと天草からの移民であり、土地を持たないために漁師となった人たちだった。当時の水俣市民の中には、昔からの住人と移り住んできた人たちとの間に区別があったと言われている。そのため、水俣病は「漁師がかかる病気」として認識されていたこともあった。さらに、1956年に水俣病が公式確認された後は、補償をめぐり患者と工場、患者と行政という対立だけでなく、認定を受けた患者やその家族に対して、補償金をめぐっての妬みや嫌がらせがあったと言われている。

これらのようなコミュニティの分断があったことで、罹患したことを公にすることをためらって患者を隠したり、適切な援助が受けられなかったりするという事態が発生した。

次に、当時の日本の社会の問題である。水俣病の問題には、工場の生産を後押しした社会全体の風潮が大きく関係する。水俣病の要因となった工場は、高度経済成長を支える化学工業分野の工場である。化学肥料や塩化ビニルの材料を作っていた。化学肥料は農村の労働負担を軽減することにつながり、多くの人が都会へ出稼ぎに出ることを可能にした。塩化ビニルは、当時一斉に広がったプラスチック製品の原料である。化学肥料とプラスチック製品は日本の高度経済成長に不可欠なものだった。公害は高度経済成長期の負の側面というように、高度経済成長の恩恵に多くの日本人があずかっていたと考えると、水俣病の問題や被害が拡大した要因を市内、または工場や行政の責任だけにとどめることは難しい。

以上のように、なぜ水俣病の被害がこれほど大きく広がったのかという問題は、工場や行政、そして患者の立場で考えるだけでなく、地域のコミュニティを維持する市民や当時の社会情勢と国民の思いなど、多角的に考えることが求められると言える。こうした思考を通して、本単元では戦後の復興から国民の生活がどのように変化していったのかを概観することが必要であると考えた。

(2) 児童観

児童は5年生の社会科学習「我が国の国土の自然環境と国民生活」において、公害から国土の環境や国民の健康な生活を守ることの大切さについて学んでいる。この5年時の学習は、「公害の発生時期や経過、人々の協力や努力などに着目して、公害防止の取組を捉え、その働きを考え、表現すること」が目標とされており、国土の環境保全について、自分たちにできることなどを考えたり選択・判断したりできるようにすることを目指している。四大公害のような高度経済成長期の問題を扱う際には、いくつかの点で注意する必要があると考えている。1つ目は、児童らは四大公害を過去の出来事と捉えがちであるということだ。しかし持続可能な社会の担い手として、公害について学んだことを生かしよりよい社会の在り方を構想していくためには、今の社会や我々の生活にかかわりのある問題として捉えていくことが必要である。2つ目に、企業や工場の責任に着目する余り、自身の生活を見直すことが難しいという点である。調べ学習などを通して公害の発生要因を追究していくと、児童らは汚染物質を出す企業や工場を「悪者」と考えてしまうことが多い。たしかに企業や工場の責任は大きいが、（1）教材観で述べたように、郊外の問題を工場や行政の責任だけにとどめることは難しく、それだけでは公害を自身に関わる問題として捉えることはできない。公害を防ぐためには、企業や当該地域の問題を追究するだけでなく、有害な廃棄物を出すことを間接的に後押しした社会的背景や構造に目を向けていく必要がある。そうすることで、経済活動の恩恵を受け、便利で豊かなくらしを送る人々や私たちの生活スタイルを反省的に見直すことができる。

以上のように四大公害については、児童らの視野を広げ、公害を時間的・空間的な構造に着目して捉えることが求められる。そのため本実践においては、第5学年で児童にとって身近な地域にある公害や環境問題について学び、より広い視野で考えることが求められる四大公害について、第6学年で取り扱うこととした。

(3) 指導観

実践においては以下の3点について特に留意した。1点目が、導入において社会の変化と

人々の生活の変化とを関連付けることである。2つ目が、水俣病の問題を当時の社会的背景や日本に住む人々の生活から迫ることである。3点目に、自身の生活を振り返り、より良いライフスタイルについて判断する場面を設けることである。

　まず1点目の、社会の変化と人々の生活とを関連付ける導入についてである。経済成長に伴う生活の変化を理解させるために、大正時代から続く株式会社グリコのおもちゃの変遷について、そのモチーフと材料という、2つの観点から調べた。おもちゃのモチーフとなっているのは、戦時中は兵隊や軍艦などであり、高度経済成長期にはテレビ、洗濯機、冷蔵庫といった家電製品が登場する。こうした製品が児童や当時の人々にとって憧れの的であったことが判る。またおもちゃの材料は、戦後の物資が少ない時には紙や木材等が使われ、高度経済成長期以降はプラスティックが長く使われている。このようにおもちゃのモチーフや材料を見れば、当時の人々の願いや経済成長を推し進めようとする社会情勢に気付くことができる。

　2点目に、高度経済成長の負の側面である公害を社会的背景から捉えることである。水俣病が甚大な被害を生んだ要因について、多くの児童が最初に考えるのは有害物質を排出した企業や工場の責任についてだろう。しかし「教材観」で述べたように、価値観と行動の変革を目指すESDにおいては、工場や企業の問題と捉えるだけでは不十分である。より良い社会の在り方を考えるための学習においては、社会構造によって公害が生み出され、被害が拡大したという点について学習していくことが必要であると考えた。高度経済成長を推し進めていた当時の社会的背景に目を向けさせるために、水俣の工場が生産していた化学肥料やプラスティックの原料が当時の日本社会にとって重要な製品と考えられていたことに気づかせる。そして、「なぜこれほど被害が大きくなったのか」という問いを探究していく過程で、企業・工場や患者、工場の従業員、漁師、市民、国、また当時の日本社会で生きていた人々など、様々な立場の人がどのような願いを持ち、どのように（直接的・間接的に）水俣病に関わっているのかを考えていく。多面的多角的に水俣病を捉え直すことで、児童が保持している公害の仕組みについての捉え方を変容させるとともに、高度経済成長期の負の側面を生んだ社会の構造に気づかせていく。

　3つ目に、自身の生活を振り返り、より良いライフスタイルについて判断する場面を設けることである。2つ目に述べたように、当時の日本社会は経済的な価値を優先し、公害が生まれやすく、公害を支える構造があった。我々が生きる現代社会においても同様の構造が見受けられる。例えば、プラスティックによる海洋汚染や気候変動は、利便性を追求し続ける私たちの生活スタイルによって支えられている。水俣病の原因物質を排出した工場もプラスティックの原料を生産していた。その後安全な生産方法が開発されたが、利便性を求める価値観や生活スタイルの見直しという根本的な解決には至らず、現代社会の様々な問題につながっている。技術革新による解決だけではなく、私たちの価値観や生活スタイルが現代の公害を支えているという認識を児童に気づかせることが必要だと考えた。

⑷ ESDとの関連

・本学習で働かせるESDの視点（見方・考え方）

相互性：公害は、特定の主体によって引き起こされたものではなく、当時の人々のライフスタイルや価値観に支えられた社会構造が生み出した問題と見なす。

公平性：水俣病を初めとする公害病は甚大な被害を生み、現代まで続く差別構造を作りだした。

責任性：水俣病と同様、現代社会の諸問題も、現代社会を生きる我々一人ひとりの価値観

やライフスタイルによって支えられ、引き起こされているものである。

・**本学習で育てたいESDの資質・能力**

システムズ・シンキング：公害は、利便性を追求した人々の価値観や生活スタイル、それ
　らに支えられた社会構造によって生み出されたものと考える。そのため、公害の仕組
　みを理解するためには、工場・企業や患者だけでなく、多様な人々の立場に立ち、当
　時の社会情勢が公害の被害拡大にどのように関連していったのかを考える必要がある。

クリティカル・シンキング：公害の問題は、奈良市に住む児童にとっては過去の、遠い地
　域で起きた出来事である。この公害を社会的背景から捉え直し、我々が今享受してい
　るような豊かな生活と引き替えにうまれた課題であるととらえることが本実践のねらい
　である。そこでは当時の社会を批判的にとらえるだけではなく、自身の生活についても
　より良い在り方を追究することになる。

・**本学習で変容を促すESDの価値観**

世代間の公正、世代内の公正

戦後からたった20年で高度経済成長をなすことができたのは、人々の「なんとか生活をよ
くしたい」という願いと努力があってのことである。人々は都会に出稼ぎに出て、新たな工
業製品をつくりだした。その結果、今の便利な私たちのくらしが可能になった。ただし、高
度経済成長の負の側面である公害は差別構造をつくりだし、現代でもその問題は解決したと
は言えない。このように公害の問題は、世代間・世代内の公正という価値観を重視した結果、
逆にその価値を損なうことになったというジレンマに気づくことができる。この公害の構造を
捉えることによって、今の私たちのくらしや行動、選択が次世代に影響を与えることにも気
づくことができると考える。

・**達成が期待されるSDGs**

9. 産業と技術革新の基盤をつくろう

高度経済成長期の発展が、私たちの今の生活を支えている。当時の人々の願いや努力を知
りつつ、今の生活を批判的に捉えることで、より良い発展とは何かを考えるきっかけになる。

12. つくる責任使う責任

本実践は、公害を社会の構造に支えられたものととらえることで、児童自身も加害者・被
害者になりうることに気づかせる。その結果、児童は自分の消費者としての責任について考
えることができる。

３．単元の評価規準

ア　知識・技能	イ　思考・判断・表現	ウ　主体的に学習に取り組む態度
①戦後の日本や人々の生活の変化について調べ、関連付けている。 ②公害の要因について、社会の変化と関連付けて理解している。	①調べたことをもとに生活の変化の背景にある社会の構造を考え、適切に表現する ②公害の要因について調べたことを基に、より良い社会や生活の在り方について、自分の考えを明確にする。	①高度経済成長期の日本の様子や生活の変化に目を向け、課題を見つけている。 ②安全安心な生活の実現に向けて、より良い社会のありかたについて考えようとしている。

4．単元展開の概要（全11時間）

次	○主な学習活動 ・児童（生徒）の反応	●学習への支援	△評価 ・備考
	○戦時中と高度経済成長期の日本の様子を比較する。	・国立競技場や東京の街並みの変化を写真資料で比較させる。 ・グリコのおもちゃの変遷をたどり、終戦直後の人々の苦労や経済成長による生活の変化に気づかせる。	△ウ1 ・グリコのおもちゃの変遷から疑問をもつ。
	○戦後の国づくりの様子を調べる。	・戦後の民主化のための改革、日本国憲法を制定したことを理解する。	△ア1 ・写真資料
	○国際社会と日本との関係について調べる。	・オリンピックや万博などの、国際社会との関わりについて確認する。	△イ1
	○高度経済成長期の日本の様子について調べる。	・児童それぞれに調べるテーマをもたせ、調べさせる。	△ア1
	○高度経済成長期の社会や人々の生活の変化について話し合う。	・経済成長による、社会や人々の生活の変化の様子を理解させる。	△ア12
	○高度経済成長期に多発した公害について振り返り、大きな被害がうまれてしまった要因を考える。	・四大公害の中でもとくに水俣病に着目させ、大きな被害を生んだ要因や長引いた理由を考えさせる。	△ア2イ2
	○公害の問題を当時の社会の様子と関連付けて考え、身の回りの問題について、出し合う。	・水俣病と同じように社会全体のニーズ、願いによって環境や社会に負荷がかかっている事例を紹介する。 ・その問題に自分たちがどのように取り組んでいくべきか、話し合う。	△ウ2

5．成果と課題

　公害の学習では、児童は、汚染物質を出す企業や工場を「悪者」と考えてしまいがちである。たしかに企業や工場の責任は大きいが、それだけでは公害を自身に関わる問題として捉えることはできない。高度経済成長は当時の人々の多くが望んだことであり、今の私たちの生活は当時の経済復興の上に成り立っている。決して水俣市内や工場内だけで起こった問題ではなく、社会構造が生んだ問題として捉えなおす必要がある。そこで、本実践では図1のような年表を示し、工場の対応の遅れや、裁判が開かれるま

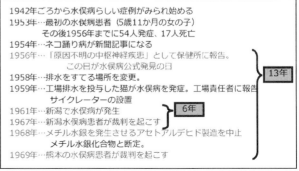

1942年ごろから水俣病らしい症例がみられ始める
1953年…最初の水俣病患者（5歳11か月の女の子）
　　　　その後1956年までに54人発症、17人死亡
1954年…ネコ踊り病が新聞記事になる
1956年…「原因不明の中枢神経疾患」として保健所に報告。
　　　　この日が水俣病公式発見の日
1958年…排水をすてる場所を変更。
1959年…工場排水を投与した猫が水俣病を発症。工場責任者に報告
　　　　サイクレーターの設置
1961年…新潟で水俣病が発生
1967年…新潟水俣病患者が裁判を起こす
1968年…メチル水銀を発生させるアセトアルデヒド製造を中止
　　　　メチル水銀化合物と断定。
1969年…熊本の水俣病患者が裁判を起こす

13年
6年

（図1）水俣病に関する年表

で長く時間がかかった理由などを考えさせた。

そして、水俣病の問題を企業、水俣市民、行政、そして経済成長を求める当時の社会など様々な立場から捉えさせ、水俣病の甚大な被害が発生した背景について、当時の社会情勢と関連付けて理解させていった（図2）。児童の振り返りの一例が以下の通りである。

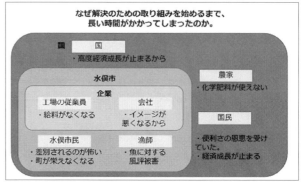

（図2）様々な他者の視点

・（中略）国も何で止めなかったのかなぁと思った。けど国は高度経済成長を後押しする側だからやめろというのはおかしくて、クレームを受けるから止められなかったと思う。

・企業側は儲けを減らしたくないと思い、国は海外から認められ続けたいという気持ちと売り上げを減らしたくないという気持ちがある。住民は快適な今の生活を失いたくないのと、水俣の誇り（？）で、工場を悪く言われたくないのかなと思いました。…

このように、視点を変えれば水俣病は社会構造によって被害が拡大したと見なすこともできる。水俣病の構図と同じように、現代社会においても、社会の構造によって推し進められている環境汚染は多い。誰かの責任を明らかにして終わるのではなく、社会全体のニーズや願いによって環境や社会に負荷がかかっている事例を考えさせることで、私たちの生活や社会の在り方を見直すことにつながっていく。

最後に、自身の生活に目を向けさせる場面では、プラスティックの問題に着目した。水俣病の汚染物質もプラスティックや化学肥料などを製造する過程で出てきたものである。現在は、有害物質がでない製造方法を開発することによって公害問題を解決することができている。しかし、この解決は高度経済成長期の生活を振り返り、見直すという価値観と行動による解決ではない。これらのことから、「プラスティック依存」という根本的な問題の解決に至っていないことに気付くことができた。ただし、現在のように至るところにプラスティックが使用されている状況においては、プラスティックを使わない生活は現実的に不可能であることにも気づいていった。個人の変容と社会の変容の両方の必要性に気づき、商品の選択などを通して消費者としての意思表示を行うことの大切さを考えることができた。

6. 考察・まとめ

　ESDは持続可能な社会の担い手としての行動やライフスタイルへの変容を目標としている。学習者の行動やライフスタイルが変わっていくためには、学習者の価値観が変容していくことが必要である。しかし、「何を重視するか」という価値観は、日常生活の中で少しずつ培われた、当事者にとってはあたりまえの判断基準である。その価値観に依拠して日常生活を問題なく送ることができており、普段強く意識することもないため、価値観を変容させることは簡単なことではない。強固な考えを転換するためには、①児童自身の既有の考え方を明確化すること、②認知的葛藤によって価値判断を行うこと、という2つが不可欠であるという。例えば本単元においては、①「公害の責任は工場や企業にある」というような無意識のうちに抱いている思い込みを明確に認識させ、その上で②認知的葛藤によって、「本当に工場や企業だけの問題なのか」を問い直すような教材と出会わせることなどが、その例である。児童がもともと持っている考えや価値観をまず明らかにさせ、さらにその価値観や考えをゆさぶるような教材、問いかけ、対話によって、転換を目指していくことが効果的だと考えている。

　日常生活をよく考えて見渡せば、私たちは非常に多くのことがらを、あたりまえのことだと無批判に受け止めていることに気づく。それらの思い込みの中には、持続可能性を失う要因になっているにも関わらず、強固に保持されており、なかなか転換できないものも多い。そういった根強い考えや価値観を転換しなければ、我々は生活スタイルや社会の在り方を変えていくことはできない。だからこそ、現代社会のあたりまえを見直し、より良い行動を追究する学習、ESDが必要なのだと考えている。

（河野晋也）

ＥＳＤの授業づくり 「単元構想図の作成」

　教材が決まれば、次は授業化への作業である。授業構想の際には、どこまで具体的にその姿をイメージできるかが重要である。そこで、教師の発問や提示する資料に対して、子どもたちはどんな反応をするだろうか、どのような発言が出てくるだろうか、またそれに対して他の子どもはどう感じるだろうか…など、子どもの思考を中心に単元の流れを表現した「単元構想図」を作成してきた。上から下へ時系列に、必ず１枚に収まるように作成する。いくつか図形を組み合わせているが、一応約束がある。

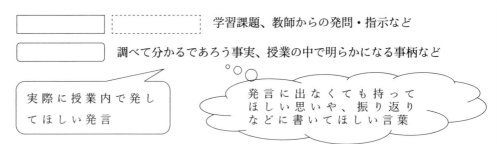

学習課題、教師からの発問・指示など

調べて分かるであろう事実、授業の中で明らかになる事柄など

実際に授業内で発してほしい発言

発言に出なくても持ってほしい思いや、振り返りなどに書いてほしい言葉

　単元構想図を作成するにあたっては、単元を構成する重要な問いを３つ作ることを目指している。ＥＳＤは探究的な学びであるのだから、問いの質が高ければ高いほどよい授業になると考える。前ページの単元構想図で言えば、まず①「なぜ、おん祭は880年一度もとぎれることなく続いているのだろう？」という問いは、これを解決することでこの単元の目標を達成できる中心課題であり、いわばこの単元の核となる問いである。②「これからもおん祭は毎年続いていくのだろうか？」という問いは、①の問いの解決を図るために、調べて分かったことをもとに深めるための問いである。そして、③「奈良でずっと続いている他の行事はないのだろうか？」という問いは、この単元の目標を達成した後に発展的に考えるための問いである。単元展開の中で、こういうことについて考えさせたい、話し合わせたい、自分なりの行動計画を立てさせたいというものが明確であるなら、３つの問いのどこから考えてもいいし、１つ考えられたらあとの２つはできるものである。あとは、その問いに対して子どもがどう反応するかを、実際に授業をする具体的な子どもの顔をイメージしながら吹き出しを組み合わせていくと構想図が完成する。

　もちろん、実際に授業を進めていくと、構想した通りにいかないことの方が多い。「授業は生き物」である。その都度、構想図を修正しながらよりよいものに変えていけばよい。子どもは常に教師の予想を超えていくものである。それは、とてもうれしいことであり、教師自身の未熟さを痛感するときでもある。

　いきなり学習指導案を作成するのはハードルが高い。また、学習指導案はどうしても教師目線で表現されてしまう。授業の主役は子どもたちだという視点からも、まずは単元構想図を作成されることを推奨するところである。

（大西浩明）

5 地域の宝を伝えよう
－「鳥獣戯画を読む」を通して－

平群町立平群北小学校　教諭　**中　澤　哲　也**

1．単元の目標

- 読み手を引きつける表現方法や文章の構成とその効果について理解することを通して、語彙を豊かにしながらそれらを文章の中に取り入れることができる。　　　　　（知識・技能）
- 目的や意図に応じて、感じたことや考えたことなどから書くことを選び、集めた材料を分類したり関連付けたりして、「信貴山縁起絵巻」の魅力を明確に伝えることができる。
　　　　　　　　　　　　　　　　　　　　　　　　　　　　　　　　　（思考・判断・表現）
- 『地域の宝』である「信貴山縁起絵巻」の魅力が伝わるように、読み手を意識した文章を作成しようとしている。　　　　　　　　　　　　　　　　（主体的に学習に取り組む態度）

2．単元について
(1) 教材観

　本単元は「『鳥獣戯画』を読む」を主たる教材として取り扱う。本教材はアニメーション映画監督である高畑勲氏が、日本三大絵巻のひとつ「鳥獣人物戯画」の一場面を取り上げ、その絵の解説をした説明的文章である。著者は、「鳥獣戯画」を「日本漫画の祖」と捉え、描かれている動物たちの表情や所作・背景などに着目し、その筆遣いや空間構成などの素晴らしさについて解説している。さらには絵巻物全体の価値についても触れ、「人類の宝」と評している。

　本教材には今まで学んできた説明的文章とは異なった文章表現が施されている。1つ目は本文の書き出しや文末表現の工夫についてである。短文を体言止めで繋ぐことで実況中継しているように表したり、読み手に語り掛けたり、会話文を入れたりと読み手を引きつける工夫が多く見られる。2つ目は本文の構成についてである。説明的文章の基本である「始め」「中」「終わり」の三段構成ではなく、二段構成（①絵の素晴らしさを語る②絵巻物について語る）で書かれており、一つの段落の中で事実と意見が混在しているのも特徴的である。

　「『鳥獣戯画』を読む」を通して学んだことを使って、自分の考えを表現するために『地域の宝』である「信貴山縁起絵巻」を取り上げる。「信貴山縁起絵巻」は、「鳥獣人物戯画」と同じく日本三大絵巻のひとつである。平群町の信貴山朝護孫子寺で約900年間大切に保管され、国宝にも指定されたまさに『地域の宝』である。「信貴山縁起絵巻」は「飛び倉の巻」「延喜加持の巻」「尼公の巻」の3つの絵巻でできており、そこに登場する人々の表情・服装・生活背景などが非常に鮮明に描かれている。児童の自由な発想を重視し、自分の選んだ絵巻の一場面について読み手を意識しながら解説文（①絵巻の一場面についての魅力②絵巻物の価値）を作成することで、主体的に取り組ませることが期待できる教材であると考える。

⑵ 児童観

本学級の児童は、提案文・意見文・感想文など書くことの活動において主体的に取り組むことができる児童と、書くことにおいて苦手意識がある児童との二極化が目立つ。1学期は「わたしたちにできること」の学習において、ＳＤＧｓを入口に、副読本やインターネットを利用して、地球上の課題について調べ、その課題を乗り越えるために自分には何ができるか提案文を作成した。事実をもとに、自分にできることを考え、明確な行動プランを提案する児童もいれば、思いつくことができない児童もいた。また、感想文などでは、自分の意見や思いを伝える時に「楽しかった」「おもしろかった」「やばい」などしか書けず、語彙が乏しいことも学級全体の課題であると考える。

一方、話し合い活動が制限される中でも、児童同士の対話的な学びを絶やすことがないよう、国語科や社会科の授業を通して、友だちの学習の振り返りに対して質問を投げかけたり、友だちが作成した文章に対して感想や講評などを伝えたりしている。このような相互評価の活動においてはどの児童も主体的に取り組んでいるように感じる。

以上の実態を踏まえ、本単元を通して、読み手を意識した文章構成や表現の工夫を学び、それらを活かして自身の文章を豊かにすることができる児童の育成を目指したい。

⑶ 指導観

本単元の指導について次の2つを挙げ述べていく。

1つ目に見通しを持たせることについて述べる。導入時に「信貴山縁起絵巻」の中から一場面を選び、その絵の解説文を作成させることをゴールとして示す。そして「『鳥獣戯画』を読む」の学習を通して、「読み手を引きつけて、絵の魅力を伝えるにはどうすればいいだろうか」という課題意識をもたせ、著者のものの見方や、文章表現を学んでいく。学んだことは「読み手を引きつける技」として教室に掲示したり、ノートに書き留めたりして、自分が文章作成するときのヒントとなるようにしたい。

2つ目に地域の教材を取り上げることについて述べる。「信貴山縁起絵巻」は約900年間大切に自分たちの地域で守られてきた素晴らしいものである。学習を通して児童に「信貴山縁起絵巻」の価値や素晴らしさに気付いてもらうようにしたい。「信貴山縁起絵巻」について探求的に調べていくために、総合的な学習の時間に、平群町教育委員会総務課の葛本さんや、平群町観光ボランティアガイドの方々と交流する。文化財について詳しい葛本さんから「信貴山縁起絵巻」の話の概要や文化財の価値について話を聞く。観光ボランティアの方々との交流では、児童が選んだ場面について自分の見方を話したり、新しい見方をアドバイスしてもらったりする。平群町の方々との交流を通して自分の地域に愛情と誇りをもってほしい。

⑷ ＥＳＤとの関連

・本学習で働かせるＥＳＤの視点（見方・考え方）

多様性：「信貴山縁起絵巻」についてゲストティーチャーと読み解いていく中で、一つの事象に様々な良さが見いだせることについて理解する。

責任性：学芸員の方やボランティアガイドの方々が地域に伝えてきた、絵巻の魅力を自分たちも発信していきたいという思いを育む。

・**本学習で育てたいＥＳＤの資質・能力**

協働的問題解決力：ゲストティーチャーと共に、「信貴山縁起絵巻」の魅力を地域の方々に
　　　　　　　　　　　知ってもらうためにはどうすればよいか考える。

・**本学習で変容を促すＥＳＤの価値観**

世代間の公正：「信貴山縁起絵巻」のすばらしさを将来世代の人たちにも伝えていきたい。

・**達成が期待されるＳＤＧｓ**

11：国宝である「信貴山縁起絵巻」の啓発を通して保護・保全に関わる努力をする。

３．単元の評価規準

ア　知識・技能	イ　思考・判断・表現	ウ　主体的に学習に取り組む態度
①思考に関わる語句の量を増やし、文章の中で使っていると共に、語句と語句との関係、語句の構成や変化について理解し、語彙を豊かにしている。また、語感や言葉の使い方に対する感覚を意識して語句を使っている。	①目的や意図に応じて、感じたことや考えたことなどから書くことを選び、伝えたいことを明確にしている。②文章全体の構成や書き表し方などに着目して、文章を整えている。	①学習の見通しを持ち、著者の文章表現の工夫を見つけようとしている。②本文の学習で学んだことを自身の文章の中に取り入れようとしている。

４．単元展開の概要（全14時間）

		○主な学習活動・児童（生徒）の反応	●学習への支援	△評価・備考
一次	1	○「鳥獣戯画」の一場面を見て、状況やセリフを考えるなど、自分なりの見方をもちながら鑑賞し、全体で共有する。○本文を読み、著者のものの見方について関心を持ち、学習の見通しをもつ。	・どの表現も肯定しながら、絵から鑑賞する面白さを味わわせ、学習意欲につなげる。	△ウ①
		読み手を引き付けて、絵の魅力を伝えるにはどうすればいいだろう？		
	2 3	○「鳥獣戯画」の魅力を伝えるために著者がどのような工夫をしているか考える。	・絵を部分的に見たり全体的に見たりしながら、読み取れることと、そこから著者がどのように感想や意見を述べているか確かめさせる。	△ア①ウ①
	4	○本文に書かれた絵巻物全体の説明を要約する。	・著者が考える絵巻物についてまとめさせる。	△ウ①
	5	○本文から読み手を引きつける文章表現を見つけ出し、それらがどのような効果を発揮しているか考える。　クラスで出た読み手を引き付ける技　・書き出しの技　・実況中継の技　・セリフの技　　・語りかけの技	・出てきた意見は「読み手を引きつける技」としてクラスで共有する。	△ア①

	6	○p.147の三匹の蛙について短い解説文を書く。	・絵から読み取れることやそれをもとにした感想や意見を考えさせ、前時で見つけた「読み手を引きつける技」を活用させる。	△イ①
	7	○前時の児童の解説文をいくつか取り上げ、クラスで共有する。 ○教師の書いた解説文について改善点を見つける。	・解説文を分析しながら、「読み手を引きつける技」に気付かせる。 ・推敲の視点を養う。	△イ②
二次	8	○自分の選んだ「信貴山縁起絵巻」の一場面から読み取れることやそれらをもとにした感想や意見を考える。	・絵を部分的に見たり、全体的に見たりしながら、感想や意見を書き込むようにさせる。	△ア① イ① ウ②
	9 10	○ゲストティーチャーの方々との交流を通して、さらに新しい見方や意見を考える。 【葛本さんに絵巻のストーリーを教えてもらう】 【観光ボランティアガイドの方々と絵巻の見方について交流する】	・新しい見方や意見、感想がよりふくらむようにさせる。	
	11 12 13	○「信貴山縁起絵巻」について解説文を作成し、推敲する。	・交流を通して得た材料も踏まえながら作成させる。	△イ② ウ②
	14	○相互評価をする。 【文化センターに張り出し、地域に発信する】	・「読み手が引きつけられる工夫」を中心に感想を伝え合わせる。 ・作品の絵巻物の中に自分が入ったり、すぐ横で見ていたり、まるでその当時に一緒に生きているように書けていました。 ・見たままを書くだけでなく、見たことをどう感じ、よく考えて書き加えた文もありました。 ・それぞれ見方・感じ方は違っていても、細かく観察し、自分で感じたことを素直に表現されている。 ・文章表現、発想力、想像力が素晴らしい。 (地域の方々からいただいた手紙より一部抜粋)	△ウ②

5．成果と課題

①本学習で働かせるESDの視点（見方・考え方）【多様性・責任性】

　　葛本さんやボランティアガイドの方々との交流後に「絵を見るだけじゃわからないようなことも深く教えてもらうことができた。」「中西さん（ボランティアガイド）の絵のとらえ方がと

てもおもしろかった。」というような振り返りが多く見受けられた。これは漠然と見ているだけでは気づかない絵巻の多様な魅力をゲストティーチャーとの交流を通して児童が気づくことができたのではと考える。

　本実践の前は「信貴山縁起絵巻」について知っている児童はほとんどいなかった。また、自分たちの地域にどんな文化財があるのかという関心も薄いように感じた。しかし、単元の終末に児童が書いた解説文からは「世界に誇れる作品をこれからも次の世代へ受け継いでいきたいと思う。」「この絵巻を次の世代に伝えていくのが、私たちがすることではないだろうか。」「900年残っているのだから、これから先、私たちがこの絵巻を守っていく番だと思う。」という「次の世代」「守る」「受け継ぐ」といった、自分事として置き換え述べられていることが多く読み取ることができた。学習を通して自分も同じ町民として絵巻を後世に伝えていきたいという責任性が育まれたのではないかと考える。

②本学習で育てたいESDの資質・能力【協働的問題解決能力】

　ボランティアガイドの方からの手紙には、「私は、信貴山縁起絵巻について勉強して、みなさんにこの絵巻の面白さを知ってもらおうと思っていました。でも本当は私たちこそ皆さんからいっぱい勉強させていただきました。」という言葉をいただいた。異年齢間の交流を通して信貴山縁起絵巻の魅力を探したり、気付いたりするといった共通の課題をもって取り組んでいる姿が見受けられた。

③本学習で変容を促すESDの価値観【世代間の公正】

　ボランティアガイドの方々への手紙の中には、「ぼくたちも平群の宝物をこれからも10年20年100年と守っていきたいです。」という文化の継承に関心を持つ記述が見受けられたことから、世代間の公正の価値観を育むことができたのではないかと考える。

○達成が期待されるSDG【SDGs 11】

　「信貴山縁起絵巻」の解説文を書き、地域に発信する活動を通して、地域の文化財の保護・保全に関わる姿勢が多く見受けられた。

《参考文献》
　(1) 泉武夫 (2004)『躍動する絵に舌を巻く信貴山縁起絵巻 (アートセレクション)』
　(2) 信貴山縁起絵巻図録
　(3) 高畑勲 （1999）『十二世紀のアニメーション』

6. 本実践を通した考察

　国語科とESDとの関わりについて、国語教育の研究者である米田猛 (2021) は①「話題」「題材」（教材内容）が、「持続可能な開発目標（SDGs）」の17の目標に関する場合と、②育成する「言語能力」が国立教育政策研究所（2012）「ESDの視点に立った学習指導で重視する能力・態度（例）」を支える場合の2つがあるが、「「話題」「題材」（教材内容）は、他教科でも扱うことでもあり国語科としては、国語科固有の目標である②「言語能力の育成」に重きをおいて授業構想を立てることがよいであろう」と述べている。本実践は、「信貴山縁起絵巻」を題材としているため、教材内容がSDGsと関連するタイプと見られがちだが、単元展開を見るとそうではないことが明らかである。

⑴明確な国語科としての単元目標

　本実践では、高畑勲氏の「『鳥獣戯画』を読む」から2つのことを抽出している。1つは、

本文の書き出しや文末表現における読み手を引きつける工夫である。2つ目に始めに絵の素晴らしさを語り、次に絵巻物について語るといった、文章の二段構成についてである。これら「読み手を意識した文章構成や表現の工夫を学び、それらを活かして自身の文章を豊かにすることができる児童の育成」を単元目標に据え、単元の中心発問も「読み手を引き付けて、絵の魅力を伝えるにはどうすればいいだろう？」という国語科としての学習目標を児童にもわかるように明確に表現した上で、児童も「信貴山縁起絵巻」を学ぶのではなく、それを題材にしながら、言語能力を育成することが学習目標であることがよく理解できたと思われる。教科におけるESDでは、まず教科学習として成立していることが重要であり、それにESDとしての価値付けを行うことで、学習を教科の中に閉じ込めるのではなく、教科の学習を通して持続可能な社会をつくるという新しい意義が見えてくる。

(2)地域教材を活用する意義

　本実践では、『地域の宝』である「信貴山縁起絵巻」を取り上げている。実践前は、「信貴山縁起絵巻」の存在を知っている児童はほとんどいなかったが、実践終了時の児童の振り返りには、「次の世代」「守る」「受け継ぐ」といった、自分事として置き換え述べられていることが多く読み取ることができたということから、本実践が地域に対する価値観と行動の変革に影響を及ぼしたことは明らかである。このような効果を及ぼした要素として「信貴山縁起絵巻」そのものの価値に加えて、2つのことが言えるだろう。1つは、専門家やボランティアガイドとの交流である。「信貴山縁起絵巻」を重要な歴史文化遺産であると認識されている方々との意見交換を通じて、言葉だけでなく、姿勢からもその価値が児童には伝わったであろう。これらの人物の取組の価値に気づいたことが、児童の「守る」「受け継ぐ」といった言葉に表現されたと思われる。2つ目に他者からの承認である。本実践では児童が作成した「解説文」を文化センターに掲示することができた。これは地元の教育委員会と連携した授業実践を行ったことで可能となったことである。その結果、「解説文」を読まれた地域の方から、肯定的な感想文が寄せられており、それが児童の自己効力感の向上に寄与したことは想像に難くない。

　地域教材を活用すると共に、地域人材や自治体と連携することで、学校だけでは生み出すことが難しい教育効果が発揮されており、児童の地域の担い手意識も育成できたものと考える。

　SDGs不東会の研修中によく「教科書越え」という言葉を耳にする。教科書を教えるのではなく、教科書で教える、そして教科書を越える学習を展開するという意気込みである。地域教材を活用することは、教科書越えの有効な手法であることが証明されたように思う。

（中澤静男）

参考文献

「国語科とESD」米田猛、『学校教育におけるSDGs・ESDの理論と実践』、奈良教育大学ESD書籍編集委員会、協同出版、2021年

6 情報を生かして発展する産業
―ＥＳＤの視点に立った情報産業学習―

大牟田市立吉野小学校　教諭　島　　俊　彦

1．単元の目標

- 聞き取り調査をしたり映像や新聞などの各種資料で調べたりして，まとめることを通して，大量の情報や情報通信技術の活用は，販売業を発展させ，国民生活を向上させていることを理解することができる。　　　　　　　　　　　　　　　　　　　　　　（知識・技能）
- 情報の種類，情報の活用の仕方などに着目して，販売業における情報活用の現状を捉え，情報を生かして発展する産業が国民生活に果たす役割を考え，表現することができる。　　　　　　　　　　　　　　　　　　　　　　　　　　　　　　　（思考・判断・表現）
- 我が国の販売業と情報との関わりについて，主体的に問題解決をしたり，よりよい社会を考え学習したことを社会生活に生かしたりすることができる。
　　　　　　　　　　　　　　　　　　　　　　　　（主体的に学習に取り組む態度）

2．単元について
(1) 教材観

　　本学習の内容は，学習指導要領において主として「現代社会の仕組みや働きと人々の生活」に区分されるものであり，我が国の産業と情報との関わりについての学習で身に付ける事項が示されている。内容(4)-(イ)では，販売，運輸，観光，医療，福祉などに関わる産業が，販売情報や交通情報等の大量の情報やインターネットなど情報を瞬時に伝える情報通信技術を活用している事例を，具体的に取扱うことが位置付けられている。そこで本学習では，情報を活用して発展するコンビニエンスストア（以下，コンビニ）を，販売業の事例として取り扱う。

　　例えばコンビニ最大手のセブンイレブンは，1971年に日本第1号店が東京都江東区の豊洲に誕生して以来急激に店舗数を増やし続け，2020年9月末現在において，その数は20,987店舗にまで拡張している。24時間365日店舗を開け，最低限の日用品や食料品をいつでも購入することのできるコンビニは，所謂「便利で豊かな暮らし」の象徴として，現代人の生活に無くてはならない存在となっている。

　　コンビニが発展を続ける上で，欠かすことができないのが情報システムである。セブンイレブンでは，世界最大規模の情報ネットワークを活用して，販売情報を収集するＰＯＳレジスターやストアコンピューターなどの導入により，商品管理を支える店舗システムを構築している。2007年3月には最新技術を取り入れた「第6次総合情報システム」を全店に導入しており，店舗と本部の間をネットワークで結び大量の情報を迅速にやりとりすることによって，サービスの充実に努めている。

　　近年では，nanacoカードやセブンアプリの開発推進によって，大量の顧客及び販売情報の収集によるサービスの拡充に努めている。これにより，アプリに登録した人がいつでもどこで

も様々なサービスを享受できるようになるなどのメリットが挙げられ，国民生活の向上にも繋がっていることを理解することができる。

　コンビニは児童が日常的に触れる販売業である。本学習でコンビニを教材化することは，販売業が大量の情報を活用して成長したりサービスの向上に努めたりしているということを児童がより具体的に捉えられると共に，そのことが国民生活の向上に繋がっているという事実を，実感的に理解できるという点で価値が高いと考える。

　コンビニの教材化によって，本学習の深まりが期待できる一方で，授業者としての懸念もある。それは，各種産業が情報を活用して発展することについて，児童が無批判に肯定的評価を下すかもしれないということである。

　例えば，セブンイレブンが推進したキャッシュレス決済サービス「7pay」における不正アクセス問題などは，情報化社会のリスクを示す代表的事例であろう。この事件は，情報化社会の功罪について考える重要な糸口を我々に与えてくれる。内閣府や経団連がSociety5.0の推進を謳い，情報化社会の高度化や複雑化が凄まじいスピードで進展する現代だからこそ，一度立ち止まって情報との向き合い方について考える場面を授業に位置付けることが重要である。

　批判的思考力を働かせて，情報との向き合い方について日常生活の問い直しを行うことによって，価値観や自己の生き方を変容させ次なる行動をとろうとする児童が現れることを期待する。このことは，持続可能な社会の創り手となる児童の情報リテラシーを育成することにも繋がるため，ＥＳＤ実践としても価値があると考える。

(2) 児童観

　本学級の児童は，批判的思考力が十分に育っていると言えない現状がある。例えば授業において，物事を一面的に捉え代替案が思い浮かばなかったり，根拠もなく自分の想像やその時の感情だけで発言してしまったりする児童の姿が見受けられる。また，授業以外の学校生活場面においても，友達から聞いた噂話を疑わず人間関係にトラブルを抱えたり，根拠の不確かな情報を信じ込み友達に拡げたりする児童の姿が見受けられる。

　またゲーム機やスマートフォンなど，インターネットに繋がる情報機器を日常的に使用している児童の割合が高いことから，情報との関わり方を児童に考えさせ，情報リテラシーを身に付けさせることは重要である。

　さらに，物事を一面的に捉えてしまう児童が多いという実態からも，批判的思考を働かせるうえで必要となる，多面的，総合的に考える力も併せて育成する必要があると考える。

(3) 指導観

　本学習においては，ＥＳＤの視点から単元を構成することにより，高度化・複雑化した情報化社会を生きる児童が，持続可能な社会の創り手となることができるよう実践する。

　上述の点を充実させられるよう，次の3点を意識した指導を行う。1点目は共通経験の保障，2点目は児童がもつ一貫性を揺さぶること，3点目は自己の生き方の問い直しである。

　1点目の，共通経験の保障についてである。コンビニは児童全員が利用した経験を有することが考えられる。学級全員が共通経験を有することで，対話による思考の共有と増大が期待できる。また，コンビニは身近な存在ながらも，そこでの情報活用の実際を把握している児童は少ないことが予想される。つまり，見ているようで見えていない社会的事象を追究の対象とすることができるため，高い意欲を維持しながらの問題解決に取り組む児童の姿が期

待できる。

　2点目の，児童がもつ一貫性を揺さぶることについてである。学習が展開するにつれ，情報活用による産業の発展及び国民生活の向上について，無批判に肯定的評価を下す児童が学級の大多数を占めることが予想される。そこで，7pay事件のように情報化の進展によって引き起こされる問題があるという事実を児童に提示したい。情報活用は是であるという児童の一貫性を揺さぶり崩すことで，情報化社会の到来はデメリットをももたらすことに気付かせたい。批判的思考を働かせて社会的事象をより多面的に捉えられるようになった児童は，新たな一貫性の構築や他者との分かち合いを求めるようになるだろう。その上で，社会の在り方や自己の生き方を志向する児童が現れることを期待したい。

　3点目の，自己の生き方の問い直しについてである。情報化社会のメリット・デメリットという両側面を理解した上で，情報とどのように向き合っていくのかという問いについて，選択判断を児童に迫りたい。批判的思考を働かせて省察する過程を通じて，次なる行動をとろうとする児童が現れることを期待したい。

　以上3点を意識し，児童がコンビニの情報活用について問いを設けて追究・解決する過程を通じて，価値観と行動を変容させられるような，ESD，社会科としての実践を創出したい。

⑷ ESDとの関連

・本学習で働かせるESDの視点（見方・考え方）

　相互性：情報を活用することによって発展する産業の様子を具体的に捉え，それらが利便性など国民生活の向上に繋がっていることを理解している。

　責任性：高度化・複雑化する情報化社会を生きる我々は，情報との向き合い方を考えて行動する必要があるという責任性に気づいている。

・本学習で育てたいESDの資質・能力

　システムズシンキング：情報を活用して発展する産業の仕組みを理解すると共に，それらと国民生活の向上を関連付けて捉えることができる。

　クリティカルシンキング：情報化社会の到来はデメリットももたらすことを捉え，情報とどのように向き合うかについて自己の生き方を問い直すことができる。

・本学習で変容を促すESDの価値観

　世代内の公正を意識する：情報化社会において自分や他者が安全・安心な暮らしができるよう，情報との関わり方を考え行動する。

・達成が期待されるSDGs

　9．インフラ，産業化，イノベーション

　　情報通信技術の進歩によって，産業が情報を活用して発展するようになったことで，人々の生活の利便性が高まっている。

　12．持続可能な生産と消費

　　各種産業から発せられる情報のメリットとデメリットを把握して，受け手として正しい情報を取捨選択して行動する。

3．単元の評価規準

ア　知識・技能	イ　思考・判断・表現	ウ　主体的に学習に取り組む態度
①大量の情報や情報通信技術の活用は，販売業を発展させ国民生活を向上させていることを理解している。 ②聞き取り調査をしたり各種資料で調べたりして，まとめている。	①情報の種類，情報の活用の仕方などに着目して，販売業における情報活用の現状を捉え，情報を生かして発展する産業が国民生活に果たす役割を考え，表現している。	①我が国の産業と情報との関わりについて，主体的に問題解決しようとしている。 ②よりよい社会を考え学習したことを社会生活に生かそうとしている。

4．単元展開の概要（全6時間）

	○主な学習活動　・児童（生徒）の反応	学習への支援	△評価・備考
一次	本時の課題 「資料から学習問題をつくろう」（2時間） ○資料を見て挙がった疑問を出し合い，学習問題を設定する。 ・今のコンビニには，ATMやプリンターなどの機械がある。 ・レジが自動化されて，カードやアプリで支払える。 ・レジで販売情報集めたり顧客情報を打ち込んだりするのはどうしてだろう？ ・売り上げを高めるためだと思う。 ・レジ以外でも情報を集めてそう。	・セブンイレブン日本1号店と校区にある今の店舗の写真や店内図の比較を通して機械化が進んでいることを捉えさせる。 ・POSレジスターの操作やレシートの記載情報から，コンビニが販売や顧客情報を集めていることに気付かせる。 ・コンビニが情報収集することのメリットを考えさせたり、なぜ情報収集をしているかを話し合わせたりして挙がった児童の問いを，学習問題づくりにつなげさせる。	△ウ①
	セブンイレブンでは情報をどのように集め，販売に活用しているのだろう？		
	○学習問題について予想し，それを整理することを通して学習計画を立てる。 学習問題に対する予想 ・スマホアプリを使って情報を集め、商品の仕入れに生かしている。 ・お店のコンピューターで売れ行きを管理して、オススメ商品を紹介することに使っている。	・学習問題に対する予想を書かせたカードをグルーピングすることを通して，学習計画を立てさせる。 児童が立てた学習計画 ≪調べること：内容≫ ①お店では、どのように情報を集めているか。 ②本部では、集まった情報をどのように生かしているか。 ≪調べ方：方法≫ ・教科書，資料集，HP，取材調査	
二次	本時の課題 「お店では，どのようにして情報を集めているか調べよう」（1時間） ○コンビニはどのようにして販売・顧客情報を集めているか調べる。 ・レジで読み取られた商品の情報を，ス	・各種機械や，nanaco カード等を使って情報を収集し本部へ送っていることに着目させる。	△ア② ・校区にあるコンビニ店長へ

トアコンピュータや本部に送っている。 ・タブレットを使って店舗内で共有した品物の並べ方を確認したり天候やイベントなど地域の情報を確認したりする。 ・アプリを使って、商品を買うときにバーコードを読み取り、客の情報を集めている。 ・nanaco カードを使って、どのような客がどのような商品を買っているかという情報を集めている。	・情報を読み取り集める機器（ＰＯＳレジスター、ストアコンピュータ、タブレット，スキャナー，nanaco カード，セブンアプリ）にはどのようなものがあるかを出し合い，その中から自分が一番調べたいものを選ばせる。 ・選んだ機器について，教科書や資料集を使って調べさせる。 ・調べたことを黒板で共有し，学級で共有させる。 ・教師が取材したコンビニ店長へのインタビュー記事を提示し，店舗での情報活用の様子を捉えさせる。 （もちろん，児童がコンビニ店長にインタビューできるとさらによい）	のインタビュー資料

調べたことを全体共有する様子

校区にあるコンビニ

本時の課題 「本部では，お店から集めた情報をどのように生かしているか調べよう」（1時間） ○本部では集められた大量で多様な情報をどのように活用しているかを調べる。 ・お店で集めた情報を本部で分析している。 ・情報をもとに売れそうな商品を予測して，新商品を開発している。 ・売れ筋商品，季節や地域ごとの人気商品を分析して，お店へのアドバイスに生かしている。	・店舗から送られた情報を本部でどのように活用しているかを考えさせた上で，教師が取材した本部社員へのインタビュー記事を提示し，本部での情報活用の様子を捉えさせる。	△ア② ・コンビニ本部社員へのインタビュー資料

情報を活用することで，コンビニや私たちの暮らしにとって，どのような良さがあるのだろう？

	○問いに対する自分なりの予想を立てる。 ・便利な生活ができる。	・今と比較しながら，具体的に考えるよう支援する
三次	本時の課題 「情報を活用することで，コンビニや私たちの暮らしにとって，どのような良さがあるのだろう？」（2時間） ○コンビニが情報を活用することで，国民生活にどのような影響があるのかを考える。 ・人気商品や欲しいものが，必要な時に買える。 ・ポイントが溜まったりメールが届いたりしてお得に買い物できる。 ・個人情報の流出など，インターネットを使ったトラブルは怖い。	・店舗，本部，消費者，3つの立場を関連付け，情報を活用して発展するコンビニの様子をまとめさせる。 ・7 pay の不正チャージ利用事件の事例を提示し，産業が情報を活用して発展すること（情報化社会）はメリットのみならずデメリットももたらすことを捉えさせる。

○高度化・複雑化する情報化社会に生きる自分たちは，情報とどのように向き合い生きていくか考える。 ・安心安全な暮らしを守るために，事実じゃないことは広めない。 ・個人情報の取扱いに注意する。	・情報化社会の課題にはどのようなものがあるかについて出し合い，全員で共有する。 ・自分の考えをノートに記述させ，価値判断・意思決定したことを話し合わせる。

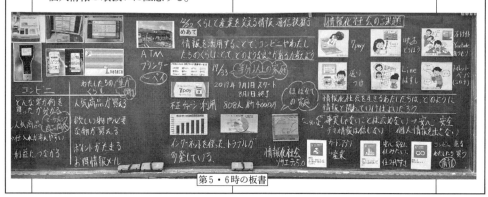

第5・6時の板書

5．成果と課題

　本実践の成果は，次の2点である。1点目は，ESDの視点に立った小学校社会科の具体的な実践事例を提示したことである。ESDは特定の教科領域において展開されるものではない。従来のESDは生活科・総合的な学習の時間や，特別活動において実施されることが多かった。持続可能な社会の創り手に求められる資質・能力をより良く育成していく上では，教科教育におけるESDも充実させる必要がある。「①学習を通して主に養いたいESDの視点」「②学習を通して主に養いたいESDの資質・能力」「③学習を通して特に養いたい価値観」「④学習を通して達成が期待されるSDGs」という4点をESDの視点を生かした教材開発の観点として学習指導案に記述することで，教材がもつESDとしての価値を明らかにした上で実践に臨むことができた。本実践において，教科教育における具体的実践事例を示せたことは，ESDの視点から教科横断的な学習を更に充実させていく上で意義があったと考える。

　2点目は，特にESDの視点を生かした授業における話し合い活動を通じて，児童に批判的思考力及び多面的，総合的に考える力の高まりが見られたことである。情報活用による産業の発展及び国民生活の向上について，実践終盤までは一面的な物事の捉えによって肯定的評価を下す児童が多かった。しかし，資料から情報化社会がもたらすデメリットにも気づいた児童は，話し合い活動を通じて「個人情報が流出したり悪用されたりする可能性がある。」などのように，物事を多面的に捉えられるようになった。また，情報との関わり方について自己の生き方を問い直し，批判的思考を働かせて自分の考えをつくる児童が多く見受けられた。

　一方，ESDの目標である行動の変容については課題が残った。本研究の授業実践は6単位時間で行っており，児童に行動の変容までを求めるには時間数が不足していた。また，アンケート結果から児童の価値観の変容が数値としては認められたものの，授業における児童の発言や記述が観念的なものに終始していたことも課題である。学校HPやSNSを通じて実際に情報を発信させるなど具体的体験によって，自身が情報の受け手や送り手であるという自覚を養うことによって，行動化に向かう児童も現れるだろう。児童の行動化にかかる時

間の確保や質的向上については，今後の研究課題としたい。

【参考資料：児童へのアンケート調査の結果】
設問①「情報化した社会にはどのような課題があるか」≪多面≫

	記述無し（分からないなど）	記述有り（課題について言及）
実践前	13	12
実践後	1	24

設問②「情報化社会のなかで，どのように情報と関わっていけば良いか」≪批判≫

	記述無し（分からないなど）	記述有り（課題について言及）
実践前	13	12
実践後	1	24

6．本実践を通しての考察

　2016 年 1 月に「第 5 期科学技術基本計画（2016 〜 2020 年度）」が閣議決定され、日本が目指すべき未来の新たな社会の姿として Society 5.0 が提唱された。Society 5.0 とは狩猟社会（1.0）、農耕社会（2.0）、工業社会（3.0）、情報社会（4.0）に続く「サイバー空間（仮想空間）とフィジカル空間（現実空間）を高度に融合させたシステムにより、経済発展と社会的課題の解決を両立する、人間中心の社会」であるとされている。

　このような社会を生きることになる子ども達に「一度立ち止まって情報との向き合い方について考える場面を授業に位置付けることが重要であろう。」という島教諭の意見に首肯できる。新型コロナウイルスの感染拡大の最中に、なし崩し的に東京オリンピックが開催されたが、Society 5.0 については、「いつの間にかそうなっていた」ではなく、国民への情報開示と共に、

（出典：Society5.0　内閣府ホームページより抜粋）

Society5.0 を受け入れるか否かについて、民主的な話し合いを経て決定すべきである。その際に、メリットだけでなくデメリットにも気づくことができる力を養うことは重要であろう。

　本実践は、子どもにとって身近なコンビニエンスストアを取り上げている。支払時にカードを用いることで、情報が本部に集められ、AI による分析によって、これからの在庫や商品の流通が最適化されるシステムである。これは Society5.0 を部分的に体現していると言えるだろう。しかし、根本的に違うのは、支払いをカードで行うのか、現金で行うのかを人間が決定できるが、Society5.0 の社会では、IoT(Internet of Things) で、全ての人とモノが自動的につながるという点である。例えば、自動車にはたくさんの IC チップが装着されているが、それらが勝手（自動的）に情報を発信してビッグデータに情報を提供する。そこに人間の意図が入り込む余地はない。本実践においては、「個人情報が流出したり悪用されたりする可能性がある。」というデメリットに気づいた子ども達だが、IoT では、個人情報といったものすらなくなり、人間も 1 つのデータとして扱われるのではないだろうか。

　これまでの情報教育においては、情報を活用するための「情報スキル」と、情報を適切に選択するための「情報リテラシー」、情報を正しく利用していく態度である「情報モラル」に焦点を当てた教育が行われてきた。これらは情報社会（4.0）を生きる上では必須の学習内容である。しかし、視野をもっと広げ、Society5.0 の社会を受け入れるかどうかを判断する力を養うためには、Society5.0 がもたらす社会の姿を把握し、多様性・相互性・有限性の視点で評価することが重要である。また、Society5.0 に突き進もうとする国や企業の姿勢について、公平性・連携性・責任性から評価し、意見表明・行動化する力を養うことが求められていると言えよう。

（中澤静男）

経済発展	社会的課題の解決
● エネルギーの需要増加	●温室効果ガス（GHG）排出削減
● 食料の需要増加	●食料の増産やロスの削減
● 寿命延伸、高齢化	●社会コストの抑制
● 国際的な競争の激化	●持続可能な産業化
● 富の集中や地域間の不平等	●富の再配分や地域間の格差是正

IoT、ロボット、AI等の先端技術をあらゆる産業や社会生活に取り入れ、格差なく、多様なニーズにきめ細かに対応したモノやサービスを提供

「Society 5.0」へ

経済発展と社会的課題の解決を両立

（出典：Society5.0　内閣府ホームページより抜粋）

7 パラスポーツって何だろう？

奈良市立伏見小学校　教諭　圓　山　裕　史

1．目標

　　パラリンピック選手やそれを支える人たち、パラリンピックの運営に関わった人の考え方にふれ、よりよく生きようとする人間の強さや気高さを理解し、人間として生きる喜びを感じる。また、障がい者理解を深め、誰に対しても差別することや偏見を持つことなく、公正・公平な道徳的判断力や心情を育てる。

2．評価について

　　授業中の発言やつぶやき、記述した振り返り等から見取る。
　　　ア　一面的な見方から多面的・多角的な見方へと発展しているか。
　　　イ　道徳的価値の理解を自分自身との関りの中で深めているか。

3．単元について
(1) 教材観

　　東京オリンピック・パラリンピックの開催にともなって、パラリンピック競技を CM や TV 番組で目にする機会が多くなっている。パラスポーツを通して障がい者理解につなげるいい機会である。

　　また、パラスポーツには「障がい者のためのスポーツ」という認識が強いが、見方を変えれば「誰もが公平に行えるスポーツ」だというユニバーサルデザインの側面もあり、一面的な見方から多面的・多角的な見方へ発展させることに適していると考える。

　　一方、1964 年の東京パラリンピックを支えた中村裕医師は、障がい者のリハビリとしてスポーツが必要だと考え、障がい者体育大会を開いたり、アジアパラ競技大会の前身となる国際大会も開いたりした人物である。また、実現はしなかったが、マラソンに車いすランナーを参加させようとするなど、障がい者と健常者が同じ大会で競い合うことを目指していた。中村医師の目指したダイバーシティ社会、共生社会といった考えにふれることで、児童にもこうした考えが芽生えるであろう。

(2) 児童観

　　CM や TV 番組などでパラスポーツを目にしたことがある児童は多いと思われるが、パラリンピックやパラスポーツに関心のある児童は少ないであろう。体験したことのある児童にいたってはほとんどいないと思われる。

　　学級には、特別な支援を要する児童が４人、算数の時間に取り出して個別対応している児

童が3人、不登校傾向の児童が1人おり、それぞれに合った対応が必要となっている。

　パラスポーツを知ったり体験したりすることを通じて、学級内にも目を向け、自分自身との関りの中で障がい者理解や公正・公平な道徳的価値観を深めさせたい。また、誰とでも行えるスポーツだという側面を知り、来年度、6年生として縦割り活動や地域活動にも活かしてほしい。

(3) 指導観

　まずは、車いすテニスプレーヤーである国枝選手のたゆまぬ努力や熱意にふれることで、児童がこれまで、そしてこれからの自分の生き方に照らし合わせながら、めあてや目標、夢の実現のために、意欲的に取り組んでいこうとする態度を育てたい。

　次に、車いすテニスというパラリンピック競技に関わって、パラスポーツについて学習を進めていく。まずは、パラスポーツに対してのイメージを書かせる。ここでは、「障がいのある人のスポーツ」であるとか「大変そう」といったイメージが挙がるであろう。このイメージは学習後に、多面的・多角的な見方ができるようになっているように指導したい。

　パラスポーツに関する児童の視野を広げるために、東京パラリンピックのピクトグラムや動画で見る。ピクトグラムを見る際には、どんな人がその競技を行っているのかを予想しながら見るようにする。義足であったり、アイシェードをしていたり、車いすだったりといったことを見つけることができるであろう。ここで、アイシェードや車いすを自分たちも使えば同じ条件でスポーツが行えるという事に気付く児童が出るかもしれない。特に、ボッチャでは健常者であるアシスタントが選手としてパラリンピックに参加することができ、メダルも獲得できるということも知らせる。

　そしてボッチャを手作りし、体験してみる。その体験を通して、どんな人と一緒にできるかを考えてみる。「簡単なので、妹とできそうだ。」とか、「おじいちゃんともできそう。」ということを考えさせ、意見を共有することで、「ボールさえ投げることができれば、誰とでもできる。」というユニバーサルデザインの側面に気付かせたい。

　さらに1964年に東京で行われたパラリンピックに関わった医師の中村裕さんの考え方にふれ、持続可能な社会の担い手となる児童にも、ダイバーシティ社会、共生社会といった考え方を持てるようにしたい。また、パラスポーツの体験会での声を聞くことで、パラスポーツの楽しさや年齢、性別、障がいの有無など関係なく、誰とでも行えるスポーツだと感じられるようにしたい。

　最後に、初めに書いたパラスポーツのイメージと学習後の感想を比較して振り返るができるように感想を書かせ、多面的・多角的な見方へ発展している児童を紹介するなどして学級内でも共有させたい。

4．ESDとの関連

SDGsへの貢献	10. 人や国の不平等をなくそう　3. すべての人に健康と福祉を		
学習活動	視点	資質・能力	価値観
パラスポーツについて考える。	多様性	クリティカルシンキング コミュニケーション力	世代内公正 人権尊重
ボッチャを知る。体験する。考える。	多様性 責任性	コミュニケーション力	世代間公正 人権尊重
中村医師の考えにふれる。	多様性		世代内公正 人権尊重

5．学習活動の概要　　全　4　時間

	○主な学習活動 ・児童（生徒）の反応	●学習への支援	△評価 ・備考
一次	○世界最強の車いすテニスプレーヤー　―国枝慎吾― （光村図書）	・国枝慎吾選手の姿を目にできるよう動画を準備しておく。	
二次	○パラスポーツのイメージを話し合う。 ○パラスポーツにどんなものがあるのか、ピクトグラムや動画で知る。 ○ボッチャについて知る。	・ワークシートを用意し、パラスポーツのイメージを書かせ、共有する。 ・前時の国枝選手とつなげて、他の競技もいくつか用意する。 ・ボッチャという競技が、パラリンピックでは健常者もサポーターとして選手扱いされ、メダルももらえるということを伝え、自分たちでも手作りボッチャを作り、体験していくことを知らせる。	東京オリンピック・パラリンピック競技大会組織委員会 HP
三次	○手作りボッチャを作る。	・材料となるビニール袋は各自で用意させ、A4の紙と赤・青のテープを用意する。 ・実際にいくつか作っておき、やわらかさなどを参考にできるようにしておく。 	
四次	○ボッチャを体験する。	・簡単に楽しめるようにルール設定をしておく。 （今後、体育などで行う際には自分たちでルール設定をさせてみたい。）	
五次	○どんな人と一緒にできるかを考える。 ○1964年のパラリンピックに関わった中村医師の考え方に触れる。 ○パラスポーツを体験した人の声を聞く。 ○振り返り	・ワークシートの続きに実際体験してみたボッチャの可能性について考えさせる。 ・パラスポーツの歴史から、1964年の東京パラリンピックに関わった中村医師の考えにふれたり、パラスポーツ体験会に参加した人の声を聞いたりして、パラスポーツがただの障がい者のためのスポーツではないことに気付くようにする。 ・パラスポーツのイメージと学習後の感想を比較して振り返りができるように指導する。	スポーツ庁 Web 広報マガジン

参考　東京オリンピック・パラリンピック競技大会組織委員会 HP
スポーツ庁 Web 広報マガジン
　　　日本のパラリンピックを創った男　中村裕（14歳からの地図）鈴木款　著　（講談社）
　　　パラリンピックとある医師の挑戦　（講談社）

7．成果と課題

　初めにパラスポーツについてのイメージを書かせると、実践前に想像したように「障がいを持っている人のスポーツ」「普通の人はしない」というイメージが79%、「大変そう」「しんどそう」といったマイナスのイメージが15%で、パラスポーツについてあまり深く考えたことがなく、あまり良いイメージを持っていないようであった。

　このような児童にピクトグラムからふれていったのは、成果があったと感じた。大会組織委員会のHPには選手の躍動感が表現され、競技の魅力をいきいきと分かりやすく伝えるピクトグラムのコンセプトムービーが用意されている。動画を見ている途中、「かっこいいな。」「どんな競技なのだろう。」といった声も聞こえ、興味が湧いてきている様子が見られた。ピクトグラムを一覧で見せると、車椅子、義足、アイシェードなどにも気付いていた。また、各競技の紹介ムービーもいくつか見てみると、「すごいな。」「なぜ、あんな動きができるのだろう。」と、プラスイメージの言葉ばかりが発せられていた。そして、今回はパラスポーツを体験しようと伝えると、教室では歓声が上がっていた。

　そして、ボッチャを紹介すると、「知っている。」「見たことがある。」といった声は上がるが、サポーターという役割については、知っている児童は一人もおらず、競技紹介の動画でもこんなに重度の障害を持っていても、サポーターと協力して競技が行えることに驚いた様子であった。実際にボールを手作りし、ボッチャを体験した後、この競技であればどんな人と一緒に行えるかを考えさせると、「障害のある人、家族、お年寄り、小さい子、地域の人」など、誰とでも行えるという事を実感でき、ユニバーサルデザイン性に気づけたようである。中には、「自分がサポーターとして参加できる」と考えた児童も見られた。

　学習のまとめとして、中村裕医師の紹介とパラスポーツの体験会参加者の様子や感想を動画で見せ、最後に振り返りを書かせると、どの児童の記述からも

- 誰とでも行えるスポーツだ。
- 自分も参加できる。
- 他の競技も体験したい。
- パラリンピックが始まったらテレビで見てみたい。
- 中村裕医師の健常者と障がい者が共に生きるというのがすばらしいと思った。
- パラリンピックだったら平等だから一緒にスポーツを楽しめそう。

と初めはパラスポーツについて「障がい者のためのスポーツ」といった見方が大多数を占めていたのだが、多面的、多角的な見方へと発展し、ダイバーシティ社会、共生社会といった考え方の基礎が育まれたと考えられる。

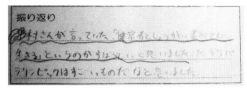

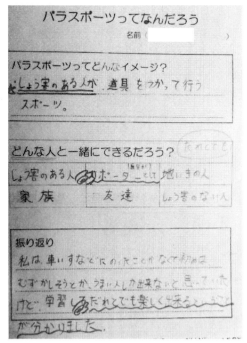

本実践を通した考察

1．新しい教材を作る教員の姿勢

　　本実践は、2019年度のJICAの研修プログラムに参加された圓山先生が、偶然、隣の会場で行われていた手作りボッチャの体験会を見て、授業に使えるのではないかと興味をもち（このあたり、教材開発のソマティック・マーカー！）、その場で会場スタッフに声をかけたのがきっかけだったということだ。この新しい授業づくりへの嗅覚と反射的な行動に、学びたい。

2．児童に教材を近づける

　　実践前のアンケートから、ボッチャなどのパラリンピック競技が、児童にとって身近な存在ではなかったことがわかる。身近ではないが、学ぶ価値のあるものを教材化するためには、児童に教材を近づける工夫が必要である。本実践においては、パラリンピックのピクトグラムとスポーツ庁のユーチューブ動画によって、児童の関心を高めている。次にボッチャを児童が手作りし、体験している。見学や読み物教材で終わることなく体験したことで、児童がボッチャの価値を見出すことができている。また、コロナ禍で体育の授業も制約だらけになっている児童にとって、接触することなく、みんなで楽しめるボッチャはちょうどいいスポーツになったようである。パラリンピック競技には色々あるが、児童に近づけることができるボッチャを選択したところに、教員としてのセンスのよさがある。

3．健常者と障がい者が共に生きていく社会をめざして

　　日本のパラスポーツは、1960年5月に、イギリスのストーク・マンデビル病院国立脊髄損傷者センターに留学した中村裕博士に始まる。中村医師は、グッドマン博士による残存機能の回復と強化を目的に、スポーツを医療に取り入れた治療に強い影響を受け、帰国する。そして1961年には「第1回大分県身体障害者体育大会」を開催、1962年には第11回ストーク・マンデビル大会に2名の選手の参加を実現、そして1964年東京オリンピック閉会後の11月

8日に東京パラリンピックが開催されている。

　圓山先生は、始めから道徳教材の開発をしようとしたのではなかった。当初は、特別活動の一環で、1年生と6年生が一緒にできるゲームを探しており、そこで目に入ったのがボッチャであった。しかし、ボッチャを切り口にパラスポーツを調べていく内に、中村裕医師に偉業に行き着いた。スポーツ庁作成のユーチューブを見ると、様々なパラスポーツ体験者が「楽しい」「男女も、高齢者も、障がい者も一緒にできた」「障害があっても、できることをやれるのが楽しい」「互いを知る機会になり、お手伝いしましょうかと声もかけやすい」といった声が紹介されている。ボランティア精神で参加した人が、「楽しかった」と自分の変化を語っている。パラスポーツを体験することで、道徳的価値を児童に体験させることができることに気がついた。

4．改善ポイント

　今回の実践を洗練化するポイントとして2つ指摘されていた。1つは、中村裕博士について児童自身による調べ学習があれば、さらに学びが深まるということである。大分県別府市に中村裕博士が1965年に創設した「社会福祉法人太陽の家」があるので、連携すると良いのではという意見が出された。もう1つは、本実践は2020年の1学期に行われ、当初は東京パラリンピックを見た児童の感想から、授業評価を行う予定だったが、パラリンピックが延期され、それができなかったことは残念である。

（中澤静男）

8　春日山をシカが喰う現状を知り今後について考える

奈良教育大学附属中学校　教諭　山　本　浩　大

1．単元の目標

　　本学習は、奈良市の特筆すべき自然である春日山原始林を題材にして、世界遺産に影響を与えるシカの食害について考え、自然の大切さを体験を通して知った生徒が、持続的に自然を保全していくための方法を考えられるようになることを目的としている。

2．単元について

(1) 教材観

　　春日山原始林は日本でも有数の照葉樹林が成立しているが、近年"奈良のシカ"によって森林生態系に負の影響が生じている。奈良のシカは歴史と文化のため保護されており、特別天然記念物にも指定されている。しかし、日本各地でシカによる植生の変化が報告されており（辻野他 2013, Tsujino et al.2013）、それにより土壌の改変や他の動物相への影響、外来種の侵入なども報告されている（前迫 2013）。

(2) 生徒観

　　自然を保全することに対して疑念を持たず、漠然と保全について話をすることが多いと感じる。いざ、どういった点を大事にしなければならないかと聞くと詳細には語ることができず、身近な自然については話題に上がることもない。身近に自然があることを理解していないのではないかと感じる。前迫（2013）は、奈良のシカと春日山原始林の保全について様々なシンポジウムを開いたが、原始林の意義や課題について市民の方にあまり理解されていないと感じている。大人が身近な自然について知らないのであれば、子どもにとってはなお知らないことである。身近にも素晴らしい自然が残されており、その貴重さに気付いてほしいと感じる。

(3) ＥＳＤの視点の明確化

- ・多様性…多くの生物が春日山に生息・生育している（生物多様性）ことやそれを脅かす外来種の問題（ナンキンハゼ、ナギなど）について学ぶことができる。
- ・相互性…食物連鎖が成り立っているが、シカの食害がそのつながりを破壊してしまうおそれがあることを学ぶことができる。
- ・有限性…シカの密度が高い状態が続くと、今ある森林資源は次世代には受けつがれないことについて学ぶことができる。

⑷ 育てたいＥＳＤの資質・能力

≪多面的・総合的に考える力≫

世界遺産、春日大社、シカの食害など様々な点を考慮して、春日山原始林で起こる問題を多面的・総合的に考えることができる

≪批判的に考える力≫

自然は大切・保護しなければと、様々な自然を見て、自然環境の保全や生物の多様性について考えることができる。

≪つながりを尊重する態度≫

様々な生物が関わり合って生態系が成り立っており、一部が崩れてしまうと他の生物に大きな影響を与えてしまうことを知る。

≪他者と協力する態度≫

他者とともに自然環境を測定することを行い、自然環境の保全に対する大変さとそれを支える人への尊重の態度を養う。

3．単元の評価規準

ア　知識・技能	イ　思考・判断・表現	ウ　主体的に学習に取り組む態度
①調べ学習を通して、春日山について理解しようとする。 ②春日山に関わる問題についてマップを作り、多面的、総合的に考えている。	①春日山原始林に関わる問題に対して、多面的に考えている。 ②調べ学習、自然環境を知る活動を通して得た知識を他学年に向けて説明しようとし、共に考えようとする。	①春日山原始林に関わる問題に対して、積極的に学習に取り組んでいる。 ②身近な自然を見つめなおし、実際に見聞することを通して、今後の活用について考えることができる。 ③春日山に関わる問題を出し合い、問題の根源についてコミュニケーションを取り考えている。

4．単元展開の概要

主な学習活動	◇学習への支援　◆評価
0、大台ケ原を歩く（希望者のみ） ・大台ケ原を散策し、森林の現状・問題について学び、自然環境の保全に対する興味や関心を高める。 ・鹿害問題を有する森林を歩き、野生動物と人との関わりに関心を持つ。 ・奈良めぐりの学習の一環として、奈良県の森林のようすを知り、春日山との比較を行う材料（鹿害問題、生物多様性など）を得る。 ・中学生によるユネスコエコパークである大台ケ原の活用。	◇自然ガイドによる、大台ケ原へのいざない。 ◇残したいと思えるような自然とめぐり合わせる。 ◇自然保護を行う方法やそれに携わる人と出会わせる。

1、春日山原始林についてのマップを作成する ・SDGsの視点で、春日山原始林で起こる問題を見つめ、負の連鎖構造を知る。 ・問題を部分（個）の問題としてとらえるのではなく、相互関係で考える。	◇模造紙と付箋を用いて知っている諸問題について書きだす。 ◇身近な自然について、知識がないことに気付く。 ◆ア②、ウ①
2、調べ学習を通して、春日山原始林の問題を知り、再度マップを作成する ・マップを作成し、様々な問題が絡み合っていることを知る。	◇模造紙と付箋を用いて知っている諸問題について書きだす。 ◆ア①、イ①、ウ③
3、他学年の生徒に、奈良めぐりの際レクチャーをするための資料作成	◇諸問題について、根源となる原因を、意見を出し合いながら確認する。 ◆ア①
4、食物連鎖ゲーム（実験、山本（2015）参照）	◇食物連鎖ゲームを通して、生物の数量の変化を捉えさせる。 ◆ア②
5、食物連鎖ゲーム（まとめ）	◇食物連鎖ゲームの結果から、生物の数量の変化を捉えさせ、数量に大きな変化が起きるとどのようなことが起こるかを考えさせる。
6、前鬼モニタリング調査の報告会 ・事前に2泊3日のモニタリング調査に参加し、自然の測定方法を学ぶ。 ・学んだことの整理とアウトプット。	◇モニタリング調査に参加した生徒から、自然を測定する方法や保全する方法を学ぶ。
7、春日山を歩く（奈良めぐり）	◇自然保護を行う方法やそれに携わる人と出会わせる。 ◇自然保護活動を見聞し、保全の苦労や必然性を感じる。 ◆イ②、ウ①・2
8、まとめ ・諸問題を解決していくために今の自分ができることやこれからの春日山の活用を考える。	◇自然を守る、文化を守る、伝統を守るなど様々な制約の中で、将来に向けて春日山をどのようにしていくと良いか、今の自分ができることを考え、記述（もしくは発表）する。 ◆ウ②

5．資料：本実践後のまとめで行ったアンケート

①春日山が有する自然は大切だと思いますか。 【思う】　5　4　3　2　1　【思わない】
②春日山の自然の何が貴重だといえますか。分からない場合は、「分からない」と書いてください。
③春日山で起こっているシカの問題（鹿害問題）について、どのようなことが起こっているか、知っていることを書いてください。知らない場合は、「知らない」と書いてください。
④シカによって様々な問題が起こっていることを理解していますか。 【理解している】　5　4　3　2　1　【理解していない】
⑤シカによって起こっている様々な問題とはどのようなことですか。具体的に書いてください。
⑥奈良めぐりの学習を通して、春日山についての理解は深まりましたか。 【深まった】　5　4　3　2　1　【深まらなかった】
⑦⑥で理解が【深まった】と考える人は、具体的にどういったことを理解できましたか。【深まらなかった】と考える人は、具体的にどういったことを理解できませんでしたか。

⑧今回の学習で、春日山の問題をより身近に感じ、自分の問題（自分ごと化）として捉えられましたか。 　【捉えられた】　　5　　4　　3　　2　　1　　【捉えられていない】
⑨今後春日山の問題について学ぶ機会があれば、意欲的に取り組もうと考えていますか。 　【考えている】　　5　　4　　3　　2　　1　　【考えていない】
⑩あなたにとって、残したい・保全したいと思う自然はありますか。 　　ある　　　　　　ない
⑪⑩であると答えた人は、具体的にどこの自然を残したいと思いますか。その理由も教えてください。 　また、複数ある場合はすべて教えてください。
⑫春日山の自然や環境を保全していくために、今の時点で自分ができることや今後こういった活用が 　されれば良いと考えることについて書いてください。
⑬今までの学習の中で、印象に残っている活動はありますか。その理由も書いてください 　（下見、大台ケ原散策、前鬼モニタリング調査、マップ作り、食物連鎖ゲーム、春日山散策など）

【参考文献】

筧裕介,「持続可能な地域のつくり方　未来を育む『人と経済の生態系』のデザイン」,英治出版,
　2019

前迫ゆり,「世界遺産　春日山原始林―照葉樹林とシカをめぐる生態と文化」,ナカニシヤ出版,
　2013

辻野亮・松井淳他・山本美智子他4名,「大峯山系弥山におけるシラビソ縞枯林とニホンジカ
　の影響の変化」第34巻, p.13-20, 奈良植物研究, 2013

Tsujino, R., Matsui, K., Yamamoto, K., Koda, R., Yumoto,T., Takada,K.（2013）
　Degradation of Abies veitchii wave-regeneration on Mt. Misen in Ohmine Mountains
　: effects of sika deer population. Journal of plant research, 126, 625-634.

山本浩大,「シカ個体群シミュレーションを用いた中学校理科『自然と人間』の学習教材の実
　践」, 奈良教育大学附属中学校研究紀要　第44集, 38-44. 2015

湯本貴和・松田裕之,「世界遺産をシカが喰う　シカと森の生態学」, 文一総合出版, 2006

食物連鎖ゲーム（レポート）

＜実験＞　（目的）

（方法）

1、図のような3重の円を運動場に書く。
2、草、シカ、オオカミの役割に分かれる
　　（シカは白、オオカミは赤の帽子をかぶる）
3、役割ごとにそれぞれの場所に集まる。
4、笛の合図で自分の食べ物を追いかける（15秒間）。
　　（タッチされた人は、その場ですわる。2回タッチすることはできない。）
5、15秒ごとに草・樹木、シカ、オオカミの数を記録する（計10回行う）。

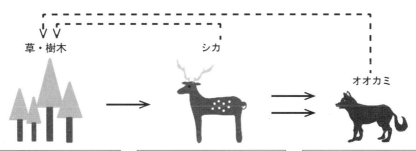

シカにタッチされたら、次はシカ。タッチされなかったら、次は草・樹木のまま。	草・樹木をタッチできない時は、餓死して次は草・樹木。草・樹木をタッチしたときは、次はシカのまま。オオカミにタッチされたら、次はオオカミ。	シカをタッチしたときは、次はオオカミ。タッチできない時は餓死して、次は草・樹木。
（タッチされそうになっても、動くことはできない）	（草・樹木に2回タッチすることはできない）	（シカに2回タッチすることはできない）

2年生	はじめ	1回目	2回目	3回目	4回目	5回目	6回目	7回目	8回目	9回目	10回目
草・樹木の数											
シカの数											
オオカミの数											

（結果のまとめ）

(1)　グラフからどのようなことが分かるか。

(2)　この実験を続けるとどのように個体数は変化すると考えられるか。

(3)　かつての日本の生態系は、オオカミとシカがいて、個体数は均衡を保っていた。今はオオカミが絶滅しシカを食べる捕食者がいない。今の日本の生態系の状況から考えると、シカの個体数は今後どのようになっていくと考えられるか

春日山原始林とＥＳＤの授業づくり

奈良教育大学　研究員　杉　山　拓　次

1．春日山の概要

　　春日山は、春日大社の神山・御蓋山の東に位置し、承和8年（841）、春日大社の神域として狩猟・伐採を禁じられて以来、千年以上にわたり保護されてきた。明治以降は、奈良公園の一部となり、大正13年（1924）には、一都市部に原生の姿を残す森林とその植生が貴重であることから「春日山原始林」として国の天然記念物に指定された（昭和30年（1955）に特別天然記念物に指定）。シイ・カシ類の常緑広葉樹で構成される照葉樹の極相林に、樹齢数百年のスギやモミなどの針葉樹の大木が残っている。また、春日大社と一体となった景観が高く評価され平成10年（1998）に世界遺産「古都奈良の文化財」の一つとして指定された。

2．特別天然記念物としての価値

　　春日山原始林の天然記念物指定理由としては、(1) 春日大社の神山として古来ほとんど伐採をされておらず、巨樹が多いこと。(2) 寒地性の植物や亜熱帯性の植物など多様な植物相があること (3) 都市に隣接した形で原始林が照葉樹林の林相を維持していることの3点に整理されおり、主として自然環境としての価値を評価されている。

3．世界文化遺産としての価値

　　一方、世界遺産としての価値は、春日大社と一体となった文化的景観が評価されており、春日大社創建以前に描かれた「東大寺山塊四至図」では「南北度山峰」と描かれているほか、鎌倉・室町時代の石仏群、現在も神事が行われている春日大社の末社などが存在していることから「日本人の伝統的な自然観とふかく結びついて保護されてきたスケールの大きな鎮守の森 *」と捉えられる。このような面から、春日山原始林は、人が関わり続けてきたという文化的な側面に価値があるとも言える。

4．考察
(1) 二つの価値の関係について

　　天然記念物と世界遺産の二つの評価は相関関係にあるとも言える。平安時代に春日山を神山として禁伐地と指定したことで、千年以上に渡り大規模開発を免れ、貴重な森林生態系としての価値を維持するに至っていること。また、平城京という当時の大都市において、日が昇る方向に位置していたことや、都市を流れる川の源流域となっているなどの地理的条件が、信仰の対象となった要因とも考えられる。

このように捉えると、春日山原始林の成立から現在までの人の関わりを学ぶことで、持続可能な社会へ向けた「人と自然の繋がり・関わり」がどうあるかを考える教材として有効であると考える。

⑵ 自然と文化の両面から現代の課題について考える

春日山原始林は現在、奈良県の「春日山原始林保全計画」によって保全・啓発の活動が進められている。直面している課題を見ていくと、春日山原始林の自然環境の劣化の大きな要因は、奈良公園に数多く存在している天然記念物「奈良のシカ」であると気づく。奈良公園に生息する個体群と、春日山に生息する個体群は異なるが、もともと奈良公園平坦部から原始林内への生息域を広げたと考えられる。奈良のシカは天然記念物であり、「奈良といえばシカ」というくらい、奈良公園になくてはならない存在である。一見し両者は人の暮らしとつながりがないと考えてしまいがちであるが、実は、春日山も奈良のシカも人との関わりで維持されてきていることがわかる。

⑶ フィールドワークを通じて体験的に理解する

春日山原始林でＥＳＤを考えていく上で最も重要と考えるのがフィールドワークである。歴史・文化的背景や自然環境の成り立ち、植生などについて机上で学ぶだけではなく、実際に森の中を歩き、目の前で起きている自然環境の現状を確認することや、五感で森を感じ、歴史性や自然環境の雄大さと人の営みについて実感することができる。

5．春日山を未来へ繋いでいくためにできることは

春日山原始林を次世代へと繋いでいくためには、行政のみならず、研究者や市民団体、企業や社寺などステークホルダーがゴールを共有し、それに向けて互いに連携しあってはじめて実現の可能性が見えてくる。どうすれば持続可能な奈良公園・春日山原始林を実現できるかは、現在でもゴールが見えているものではない。だからこそ、ＥＳＤの教材として有効であると考えている。

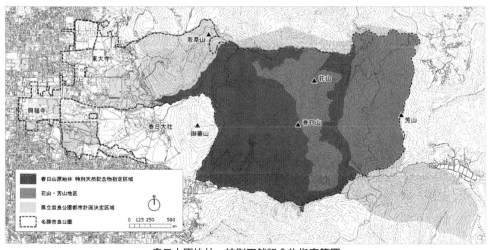

春日山原始林　特別天然記念物指定範囲
（出典：春日　山原始林保全計画 平成 28 年 奈良県）

春日山原始林を未来へつないだ人

　明治維新後、御蓋山を除く春日山は国有地として管理され、明治21年に奈良公園に編入されました。当時の奈良公園は災害などによる倒木を売却し、それによる収益の確保が重要視されており、明治23年の奈良公園の予算では87%が木材売却代となっていたほどでした。春日山は、景観上重要な森として維持されてきましたが、希少な自然環境としての価値は明確でありませんでした。

　大正8年に「史跡名勝天然記念物保存法」が制定され、大正13年に春日山の一部が「春日山原始林」として天然記念物に指定されました。この時、春日山が天然記念物に相応しい自然環境であることを調査したのが、奈良女子高等師範学校の講師だった岡本勇治です。岡本は奈良県内の植物調査を精力的に行い、特に春日山については「春日山原始林植物調査報告」をまとめており、これが春日山原始林の天然記念物指定を申請するためのものであったとされています。

　昭和初期に、木材を搬出するための車道を拡張し、観光用のバスを走らせる計画が持ち上がります。熱心な自然保護主義者だった岡本は、この計画に反対し、当時の知事や公園課長に面会し工事の中止を要請しましたが、聞き入れられませんでした。そこで岡本は上京し、天然記念物の制度に深く関わった三好学などに現状を訴え、文部省からも、奈良県に対して工事の中止・破壊された部分の復旧を求める通達がだされましたが、奈良県は工事を続行。昭和5年に工事は完了しました。車両の通行には厳しい制限が掛けられる形で許可されました。バスの運行は第二次世界大戦中に一時休止となりますが、戦後再開し、昭和40年代まで運行されていました。

　その後、岡本は昭和8年に病に倒れ37歳の若さで他界していまいました。結果的に岡本は敗北したと考えられるかもしれません。しかし、岡本の想いは次の世代にもつながり、昭和40年代に春日山の北部および南部でのバス運行は、奈良の自然愛好家たちによる運動により中止となりました。

　現在では、世界遺産・特別天然記念物に指定されている春日山ですが、岡本勇治の行動がなければ、現在まで維持されてきたかどうかは分かりません。一人の人間にできることは限られているかもしれませんが、持続可能な社会へ向けた一人の行動が未来へつながっていると感じています。

（杉山拓次）

参考文献：『大和植物誌』（復刻版）『奈良公園史』

9 鳥羽をつなぐ子の育成
～人や地域とつながる力をつけて未来を創る

三重県鳥羽市立鳥羽小学校　指導教諭　廣　脇　正　人

1. 本校の特徴

　本校がある三重県鳥羽市は紀伊半島の東端に位置し、美しいリアス式海岸や天然林が広がる自然豊かなまちである。古くから漁業のまちとして発展する一方、観光地として鳥羽水族館をはじめとしたレジャー施設やホテルが立ち並んでいる。本校は、市内の学校統合が進み、有人離島から定期船で通う児童やスクールバスや電車で通う児童も在籍する多様な地区を校区に有する学校である。

　多様なくらしの中で育っていく児童の生活実態とその課題と向き合い、必要な力をつけるために私たちの学校は何度も話し合うことを通して、地域の様々な資源・人材と連携して児童を育んでいくことを決めた。手探りでのESDの始まりである。研究主題を「命をつなぐ子　鳥羽をつなぐ子の育成　～人や地域とつながる力をつけて未来を創る～」とした。自他を大切な存在だと実感するとともに、自分の命を自分で守れる子、ふるさと・鳥羽に愛着を持つ子をめざして実践を重ねている。小学校において培った力を土台にそれぞれの場所で成長していく姿を思い描き、全体構想図を作成し、子どもの未来を見通した研究を進めている最中である。

鳥羽小学校研究構想図

2. 本校が目指すＳＤＧｓ、その達成のために必要な力

自分や友達がどのような思いをもって育てられたのかを知ることで、お互いを大切にできる児童、そして地域に生きる人のくらしや生き方から学んでいくことで、命を大切

にする児童を育みたい。この取組でＳＤＧｓ10「人や国の不平等をなくそう」に貢献できると考え、多くの人がともに生きてきた海について学び、地域の課題について主体的に向き合うことで、自分にできることは何かを考え、行動できる子どもを育みたい。この取組でＳＤＧｓ11「住み続けられるまちづくりを」、ＳＤＧｓ14「海の豊かさを守ろう」の素地を身に付ける児童の姿の実現を目指している。

本校はめざす子どもの姿として「自立・協働・やり抜く力」も設定している。この姿の達成のため、具体的には、次のようなことを身につけることを目指している。

・自立：新たな価値を創造するために必要な力を見いだす「課題設定力」
・協働：よりよく生きるために、他者と相互理解し協働して解決するために発信したり意見
　　　　交換したりして考えを深め合う「コミュニケーション力」
・やり抜く力：課題を解決するために身に付けておくべき知識やスキルは何か、誰と協働し
　　　　てどのような方法で解決できるのか探究する「調べる力」

3. 第6学年の実践について

①教材について

地域のくらしとともにある海は、多様な視点から鳥羽のくらしや環境について探究することができる題材である。児童には、現役海女として海に関わる祖母がいたり、漁協でブランド開発に取り組む父がいたりするなど、海と関わるくらしは身近なものである。また、市役所や施設（海の博物館や水産研究所）と出会う機会を設けることを通して、多面的に海への興味関心を引き出していく。様々な分野で漁獲量の低下や環境汚染などの面に抗い、鳥羽の海のこれからを考えている方と出会い、海の現状を知り、自分の切り口で海について調べたことを整理・分析していくことで、自分なりの鳥羽の海の希望を見つけることができると考えている。

②授業づくりのポイント

鳥羽市に移住希望される方が本市を選ぶきっかけになるというまちが校区内にある。まちの人がつながりをいかして、元気を取り戻そうとしている。様々なプロジェクトや独自の取組で、人口減少という課題に立ち向かっている。5年生時に児童は課題に向き合い、行動する人たちと出会い・学ぶことができた。聞き取ったり、調べたりしたことをグループで発表することができた。6年生となり、海の現在について知り未来に向けてどんな行動をすることができるのか、個人で考えていった。自分が海のどんなことを調べたいのか、そのために必要な事実をどう集めるのか、そこから10年後の未来に向けてどんなことができるのか、自分からスタートすることで、児童は自己と向き合い、迷い、地域の方の助けて得ることで自信を深め、積極的に探究していくことになった。

③単元目標（本校がめざす姿に関わって）

○鳥羽の海の豊かさについて、興味・関心のあることを入り口にし、海の生物や関わる人をとおして探究していくことができる。（知識及び技能：自立）

○質問を考えて聞き取りをしたり、得られた情報を仲間と交流したりして必要なものを選択してわかりやすく表現することができる。（思考力、判断力、表現力等：協働）

○鳥羽の海の特徴と関わって多様な生物が生きていることを理解し、海のこれからを考え生活にいかすことができる。（学びに向かう力、人間性等：やり抜く力）

4. 学習活動の実際

　自分が設定した海に関するテーマについて現状を知る（現在やこれまでの海の環境や生物、産業に関わる事実を集める）、ポスターにまとめる、自分が目指す鳥羽の10年後の姿について考えて発表する、というプロセスを踏んで進めた。

①自分で学ぶ方法を決めて行動しよう

　アサリについて調べ始めた児童は、一人で5年生教室へ向かった。5年生がアサリ養殖に関わる工場の見学をリモートで行うと聞きつけ、ともに学ぶためだった。5年生に混じって自ら進んでアサリの具体的な生育について学びに入っていく姿があった。その後、この児童は積極的にわからないことは電話で質問していった。

インターネットや図鑑で調べても十分な情報が得られないと実感したある児童は、水産研究所に連絡を取って見学を申し込んだ。自転車で水産研究所に訪問し、海藻「ミル」について教えてもらった。ミルを拡大顕微鏡で見せてもらい、たくさんの写真を撮ってきた。また、飼育の仕方を学び、分けてもらったミルを教室で育て始めた。成長の記録をとり続け、確実に大きくなるミルについて表にまとめた。

②課題をしぼって、インタビューしよう

　探究を進めていくと、「どんな感触なのだろう」、「働く人はどんな思いをもっているのだろう」という次々に知りたいことが生まれてくる。

　児童が鳥羽の海のことを学んでいることを聞いて、市内の多くの方が協力してくれた。海の汚れや環境問題について、市内の海の博物館の館長に直接インタビューした。たくさんの資料とともに、教室で育てるアマモを提供していただいた。このアマモはこの後、枯らしてしまうものもあり、枯れたアマモの水槽が急激に黒く汚れていくことを体験し、浄化作用を実感することになった。

東京都から移住し、海女をされている方にもインタビューを行った。海女の仕事だけでなく、鳥羽の海の魅力について、美しい写真とともに話していただくことができた。それは、いつも見ていたために気づいていなかった海の美しさに気づき、他の地域の海と比較して話してもらえたことで、「鳥羽の海って豊かで、移住しようと思うほど魅力的なのだと実感した。」という児童の感想につながっていった。

　③友だちと質問し合うおう
　調べたことをまとめてできあがったポスターは、まだ完成ではない。ポスターを見せ合い、質問したいことを付せんに書いてはりつけていった。ポスターには何枚もの付せんがはられた。また、ポスターを囲んで熱心に話し合う姿が見られた。主体的な学びから協働的な学びとなった姿だと教えられた。

　質問に答えるための用紙はポスターの横や下に付け足していった。すると、さらに質問が重ねられ、ポスターが縦横に広がり始めた。付せんに対する回答は、次回の学習までに答えるということになっており、児童は再び調べ学習を始め、学びを深めていった。

　④ポスターを完成させよう
　ポスターには、自分が調査して得られた事実や考えたことが書かれた。そして、調べた内容から10年後の姿を想像し、自分がどう行動するかについても示してある。中には「鳥羽市内の小学校の授業に、刺身のさばき方をちゃんと習う時間を設定する。そうすることでさばく技を引き継ぎ、魚の消費量を増やしていく。」といったものや、「画期的なアサリの養殖方法を詳しく教えてもらったので、この方法を広めていく。」といったものなど、児童がまとめ上げたポスターは、それぞれの興味に沿った多様な面白さにあふれている。市内の方やクラスの仲間の力で得られた知識やアイデアをいかし、工夫をこらして表現されたものとなった。

　⑤発信をしよう
　学んだ成果を市内の小学校や東京都や福島県の小学校とインターネットを介して学びを発信した。児童は自信をもって、意欲的に地域から学んだことを具体的に伝え、交流することができた。また、市内の施設（市立 海の博物館、鳥羽マリンターミナル）に全員のポスターを掲示し、多くの方に見ていただき、よく調べてわかりやすく伝えていると好評を得ることができた。

5. 単元構想図（パールロード） 第6学年 「海と人と鳥羽とともに」

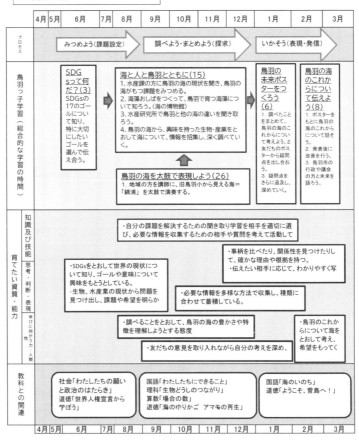

 6年 鳥羽っ子学習 パールロード（単元構想図）
「海と人と鳥羽とともに」

〈めざしたい姿〉
鳥羽の海の豊かさとは何かについて興味関心のあるものを入り口にして探求していくことを通して、多様な生物が鳥羽の海の特徴と関わって生きていることを理解している。また、海の生物や海と関わる人々の現状から設定した課題を探求することで、鳥羽の海のこれからを考えるとともに、自らの生活や行動に生かしていこうとしている。

主な連携機関および内容

鳥羽の海と水産業の様子の説明：鳥羽市農水商工課

海の生物の学習に関する指導助言：水産研究所

海の観察・おしば体験、海の生物に関する指導助言：海の博物館

鳥羽の浜のゴミの状況と考察：長岡中学校ボランティア部

	4月	5月	6月	7月	8月	9月	10月	11月	12月	1月	2月	3月

プロセス　みつめよう（課題設定）　調べよう・まとめよう（探求）　いかそう（表現・発信）

鳥羽っ子学習（総合的な学習の時間）

SDGって何だ？(3) SDGsの17のゴールについて知り、特に大切にしたいゴールを選んで伝え合う。

海と人と鳥羽とともに(15)
1. 水産課の方に鳥羽の海の現状を聞き、鳥羽の海がもつ課題をみつめる。
2. 海藻おしばをつくって、鳥羽で育つ海藻について知ろう。（海の博物館）
3. 水産研究所で鳥羽と他の海の違いを聞き取ろう。
4. 鳥羽の海から、興味を持った生物・産業をとおして海について、情報を招集し、深く調べていく。

鳥羽の海を太鼓で表現しよう(26)
1. 地域の方を講師に、旧鳥羽小から見える海=「錦浦」を太鼓で演奏する。

鳥羽の未来ポスターをつくろう(6)
1. 調べたことをまとめて、鳥羽の海のこれからについて考えよう。
2. 友だちのポスターから疑問点を出し合おう。
3. 疑問点をさらに追及し、深めていく。

鳥羽の海のこれからについて伝えよう(8)
1. ポスターをもとに鳥羽の海のこれからについて話そう。
2. 発表後に改善を行う。
3. 鳥羽市の行政や議会の方と未来を語ろう。

育てたい資質・能力

知識及び技能
・自分の課題を解決するための聞き取り学習を相手を適切に選び、必要な情報を収集するための相手や質問を考えて活動して
・事柄を比べたり、関係性を見つけたりして、確かな理由や根拠を持つ。
・伝えたい相手に応じて、わかりやすく写

思考・判断・表現
・SDGsをとおして世界の現状について知り、ゴールや意味について興味をもとうとしている。
・生物、水産業の現状から問題を見つけ出し、課題や希望を明らか
・必要な情報を多様な方法で収集し、種類に合わせて蓄積している。

学びに向かう力・人間性
・調べることをとおして、鳥羽の海の豊かさや特徴を理解しようとする態度
・鳥羽のこれからについて海をとおして考え、希望をもってく
・友だちの意見を取り入れながら自分の考えを深め、

教科との関連
社会「わたしたちの願いと政治のはたらき」道徳「世界人権宣言から学ぼう」

国語「わたしたちにできること」理科「生物どうしのつながり」算数「場合の数」道徳「海のゆりかご アマモの再生」

国語「海のいのち」道徳「ようこそ、菅島へ！」

	4月	5月	6月	7月	8月	9月	10月	11月	12月	1月	2月	3月

6. 児童の姿の変容

　学習を進めていく過程で、児童は自分たちで判断し、最適な方法を求めていく姿勢を身につけて行った。

　新型コロナウィルス感染症の影響で、修学旅行の行き先が県内に変更になった。そこで、児童は自分たちが実現したいことを出し合った。それを受けた旅行会社が組んだ2つのコースから、全員で話し合った上で旅行先を決めた。そういった姿勢は6年生を中心とした児童会の取組でも随所で見られた。

また、他の子と関わることに苦手意識を持つ子どもがいた。その子どもは、砂浜で集めたごみについて探究を進めた。水産研究所の方に教えてもらったことを自分なりにきちんと受け止めて分類し、地域の中学校の文化ボランティア部の生徒さんたちにも協力を自らお願いした。

　この学習を通して課題に最後まで取り組む姿、意欲的に人と関わる姿が多く見られた。また、日々の学校活動の様々な場面において、自分自身に自信をもって取り組む姿が見られるようになった。

7. さらなる実践の充実に向けて

　「鳥羽っ子学習で自由に勉強させてくれたもんですごく楽しかった。」と児童から卒業時に手紙をもらった。自分は何を知りたいのか整理し、情報を集め、情報から思考・判断し次のステップへ進むことを繰り返した。その過程が「自由に勉強」という言葉になったのだと考える。指導者は一人一人をきちんと受け止めつつ、児童がダイナミックに動き出す瞬間をつかみ、その子の目線に立って声をかけていくことの大切さを教えられた。

　今後、学校が一丸となって、人や地域とつながる力をつけて未来を創ることができる児童を育てていきたい。

　◆本実践のポイント
　A）　構造化された研究全体計画の策定
　研究の全体計画（研究構想図）がよく構造化され、学校教育目標や目指す児童像、ＳＤＧｓ／ＥＳＤとの関連、育成すべき資質・能力と研究テーマ及び研究活動との整合性が図られ、ホールスクールアプローチでのＥＳＤの推進が実現されている。また、そのために必要な地域や関係機関との連携の位置づけも明確になっている。
　B）　組織化されたカリキュラムマネジメントの実現
　単元構想図（パールロード）により、学習活動の展開と育成すべき資質・能力、教科との関連、そして関係機関との連携が組織化され、ストーリー性のある優れたカリキュラムマネジメントが実現されている。
　C）　変容を促す多様で自律的かつ協働的な学習活動の保障
　本実践を通じて、児童が自らテーマを設定して探究するなど多様で自律的な学習活動が保障されている。また、ポスター作成等を通して児童が意見を交換し合う協働的な学びが展開されている。このような学習活動によって児童に多くの気づきや変容がもたらされるとともに、発展的な学習が図られていることによって児童は学習意欲をさらに高め、行動変容へとつなげている。まさに、ＥＳＤのアクティブな学びが実現されている。
　D）　地域への愛着心や誇りを醸成する学習活動の展開
　児童が主体的に地域の人々と関わり、地域に根差した学習活動を展開することで地域の多様性や良さを実感するとともに、その良さを他校や他地域に発信することを通じて、地域への愛着心や誇りが醸成され、持続可能な地域の担い手としての素地が涵養されてきている。

（及川幸彦）

10 ヤゴ救出大作戦
―トンボのいる学校づくり―

杉並区立西田小学校　主任教諭　**佐々木　哲　弥**

1．単元の目標

- 生物は、色、形、大きさなど、姿に違いがあること、また、周辺の環境と関わって生きていることを理解している。昆虫の育ち方には一定の順序があること、また、成虫の体は頭、胸および腹からできていることを理解できる。また観察、実験などに関する技能を身につける。　　　　　　　　　　　　　　　　　　　　　　　　　　　　　　（知識・技能）
- トンボの様子について追究する中で、身の回りの生物と環境との関わり、昆虫の成長のきまりや体のつくりについての問題を見いだし、表現する。　　　　　　　　（思考・判断・表現）
- トンボについての事物・現象に進んで関わり、他者と関わりながら問題解決しようとしているとともに、学んだことを学習や生活に生かそうとしている。

　　　　　　　　　　　　　　　　　　　　　　　　　　　（主体的に学習に取り組む態度）

2．単元について

(1) 教材観

　　本単元は「小学校学習指導要領（平成29年告示）解説 理科編」第3章 第1節「第3学年の目標及び内容」2「3学年の内容」B「生命・地球」(1) 身の回りの生物「身の回りの生物について、探したり育てたりする中で、それらの様子や周辺の環境、成長の過程や体のつくりに着目して、それらを比較しながら調べる活動を通して、次の事項を身に付けることができるよう指導する。ア（ア）生物は、色、形、大きさなど、姿に違いがあること。また、周辺の環境と関わって生きていること。（イ）昆虫の育ち方には一定の順序があること。また、成虫の体は頭、胸及び腹からできていること。イ　身の回りの生物の様子について追究する中で，差異点や共通点を基 に，身の回りの生物と環境との関わり，昆虫や植物の成長のきまりや 体のつくりについての問題を見いだし，表現すること。」にあたる。

　　都市部において、自然の生物と関わる機会は限られている。深く彫り込まれ、護岸された川は自然と児童との間に物理的な距離だけでなく、心理的な距離も広げている。

　　一方で、都市部のトンボの多くは学校のプールに産卵し、そこで冬をヤゴとして過ごし成虫となる。杉並区では、ＮＰＯ法人すぎなみ環境ネットワークにより、学校の自然観察活動への支援が継続的に行われており、その一つにヤゴ救出大作戦がある。杉並区立西田小学校では、近年すぎなみ環境ネットワークの支援のもと、プール清掃の直前の排水時期に、そこで越冬したヤゴたちを救出する活動を、周囲の環

第3学年の実践　「しぜんと ともに くらそう」

境と生物の関わりを学ぶ活動として捉え、毎年実施している。

　本実践報告は理科の学習活動としているが、杉並区立西田小学校では総合的な学習の時間と関連付けて取り組んでいる。杉並区立西田小学校では、第3学年の総合的な学習の時間のテーマを「しぜんととともに　くらそう」とし、身近な自然環境との関わりを通して、持続可能な社会づくりを担う人材に必要な資質・能力を育成してきた。特に第3学年では理科や社会科と関連付けながら生物の多様性や共通性、それらが関わり合って人がくらしていること（相互性）という視点に立って取り組んできた。本単元は1年間を通して取り組む総合的な学習の時間の始めの段階であり、問題解決的な学習を進めるきっかけともなる活動である。

⑵ 児童観

　夏になると当たり前のように見られるさまざまなトンボも、その幼虫の姿を身近に見ることが出来る児童は都市部では少ない。また、児童はヤゴがトンボの幼虫であることを知っていても、どこでどのように冬を越しているのか、あまり知らない。これらを体験的に学ぶことで身の回りにもたくさんの自然の生物がいること、それらの生物は人工の環境の中でたくましくくらしていること、また生物どうしがバランスの中で生きていることを学ぶことで、人のくらしが身近な自然の中の一部であること、それらが互いにかかわりあっていること、それらの自然に対し、積極的に関わりながら、自然環境に対して責任感をもつことをめざしたい。

　　第3学年の発達段階では、生き物に対する先入観も少なく、多様な生き物と積極的に関わろうとする姿が見られる。理科を学び始めた児童は生活科での経験をもとに、新しい教科に対する期待にあふれている。その導入として、体験的な学びを行うことで児童の理科学習に対する意欲を高めたい。また生物を扱う学習では、その命の大切さを感じることも重要である。西田小学校ではすぎなみ環境ネットワークの方々との連携により、捕獲や正しい飼育の方法、環境づくり等を丁寧に教わることで、命をつなげていくために自分たちに何ができるのかを考える取り組みを行っている。

⑶ 指導観

　本単元はトンボを活用して、学習指導要領理科編の生命領域を構成する概念である「生命の構造と機能」「生命の連続性」「生命と環境の関わり」を育成する。特に「生命と環境の関わり」について体験的・主体的に学ぶことを目的としている。本実践は、モンシロチョウ等の他の生物とトンボとの比較などを通して、生命の多様性と共通性という見方・考え方を使って、生命領域の諸概念の獲得を目指す。

　第1次では、「生き物との出会い」、「環境との出会い」を行う。学校の自然の観察からヤゴが生息している場所を見つける。身近な自然にくらす生物について、色や形、大きさなどの視点で、他の生物との差異点や共通点を基に問題を見いだしながら、生物に進んで関わろうとする態度を養う。

　第2次では、総合的な学習の時間と関連づけてヤゴ救出大作戦を行う。ここでは「専門家・協力者との出会い」を大切にする。すぎなみ環境ネットワークの方から、学校のプールにたくさんのヤゴがいること、それらはそのままだと下水に流されて死んでしまうことを知る。多くのヤゴの命を救うために、自分たちにできることを考えるなかで、身近な自然や生命に対

する責任感を育てたい。またプールの中でヤゴがどのように生息しているのかを予想し、救出作戦時にその環境を調べ、それらを飼育・観察し、どのような環境でヤゴが生息しているのかを学ぶ。さらに複数の種類のヤゴを飼育し、生態と成長の様子を観察することで、種の多様性や育ち方、体のつくりなどの共通性を学ぶ。また、ヤゴもトンボも、自然の中で他の生物を捕食して生きていることを学ぶ中で、生き物どうしが関わり合って自然環境が成り立っているということ（相互性）について学ぶ。

　第3次では、救出したヤゴの飼育・観察を通して、育ち方を観察し、トンボの成虫の体のつくりを予想する。観察を通して、昆虫の体のつくりや成長にはきまりがあること、トンボはチョウなどとちがいサナギにならない不完全変態であることを学ぶ。数週間飼育したトンボに対して、児童は小さな生き物にも命があること、羽化できずに死んでしまうヤゴが多くいることを体験し、生命への畏敬の念を抱く。新しい姿になったトンボが窓から外に出るとき、「元気でね！」と多くの児童が見送っていた。

　第4次では、総合的な学習の時間と関連づけてヤゴお誘いセットの作製・設置を行う。これまで学習した成果を基に、これからもトンボがたくさん集まる学校にするための産卵場づくりに取り組む。すぎなみ環境ネットワークの方とともに、どのような仕掛けだとトンボが産卵しやすいか考え、産卵のための装置を考え、実際に作製し設置する。これらの活動を通して、「生命の連続性」や身近な生き物に対する責任、環境保護・保全に寄与しようとする態度等の育成をめざす。

⑷ ＥＳＤとの関連

・3年生で育成を目指すＥＳＤの視点（構成概念）

　多様性と共通性：生き物はさまざまな姿やくらしをしているが、どれも環境と関わってくらしている。

　相互性：生き物どうしや人と生き物は関わり合って地球上でくらしている。

　責任性：人は、生命の尊重や生物の多様性、環境の保全や保護に対する責任がある。

・本単元を通して身に付けさせたい能力や態度

　・環境を感受する能力：自らの諸感覚を活用して、環境を豊かに感受しようとする能力。

　・環境に興味・関心をもち、自ら関わろうとする態度：周囲の環境に興味関心をもち、身体活動を伴った体験活動を通して環境に積極的に働き掛け、自ら関わろうとする態度。

　・自ら進んで環境の保護・保全に寄与しようとする態度：議論や活動に主体的に参加し、自ら進んで環境の保全に向けた実践を行おうとする態度。

（出典：国立教育政策研究所教育課程研究センター『環境教育指導資料【幼稚園・小学校編】』（2014.11）p 34 東洋館出版社）

・本単元で変容を促すＥＳＤの価値観

　自然環境、生態系の保全を重視する（生物多様性の重視）

・達成が期待されるＳＤＧｓ

　ＳＤＧｓ15 「陸の豊かさを守ろう」

3．単元の評価規準

ア　知識・技能	イ　思考・判断・表現	ウ　主体的に学習に取り組む態度
①生物の姿について，器具や機器を正しく扱いながら調べ，それらの過程や得られた結果を分かりやすく記録している。 ②昆虫の育ち方には一定の順序があること、また、成虫の体は頭、胸及び腹からできていることを理解している。	①身の回りの生物について観察、実験などを行い、差異点や共通点を基に、昆虫の成長のきまりや体のつくりについての問題を見いだし、表現するなどして問題解決している。	①身の回りの生物についての事物・現象に進んで関わり、他者と関わりながら問題解決しようとするとともに、学んだことを学習や生活に生かそうとしている。

4．単元展開の概要（理科9時間　総合的な学習の時間3時間）

	○主な学習活動　・児童（生徒）の反応	●学習への支援	△評価・備考
一次（1時間）	「身の回りにはどのような生き物がいるのだろう。」 ○校庭を観察し、どのような生き物がいるか調べる。 ・メダカがいたよ。 ・オタマジャクシもいたよ。 ・あそこの池にはヤゴがいた。 ○身近な生き物はどのような色、形、大きさをしているのか観察する。 ・いろいろな形のヤゴもいるよ。 ・大きさの違うヤゴもいるよ。 ・どれも水の中でくらしているね。 ・何を食べているのかな。	 ・どのような生き物が、どのような場所にいるのかを観察し、自由に交流する。 ・観察の視点を明確にすることで、差異点や共通点を見いだす。	△ア①
二次（2時間：うち総合的な学習の時間1時間）	すぎなみ環境ネットワークの方から、プールにヤゴがたくさんいること、それらはプールの排水により下水に流されてしまうことを教わる。 ・ヤゴの命を救いたい。 ヤゴ救出大作戦をしよう。 ・救出したヤゴはどのように飼育したらよいのだろう。 ・プールの中のヤゴはどのようにくらしているのだろか。 「ヤゴはどのようなくらしをしているのだろう」 ○ヤゴのくらしを知る。	・ヤゴを救出するための作戦を実施する。 ・ヤゴとその生息環境との関わりについて考える。ヤゴのエサになるような生物がいないか観察するよう促し、他の生物との関わりについて考えさせる。	△イ①

	・水の中にはヤゴだけではなくたくさんの生物がいるんだ。 ・ヤゴは水の中の生物をたべているんだね。 ○ヤゴの飼い方を考える。 ・水の中で隠れる場所が必要だね。 ・生きたえさを食べるからアカムシがいいようだね。		
三次 （6時間）	「トンボはどのような育ち方をするのだろう。」 ○トンボの育ち方を知る。 ・チョウは卵⇒幼虫⇒さなぎ⇒チョウと変っているけどトンボはどうかな。 ・ヤゴはトンボと姿が違うからさなぎになるのではないかな。 ・大きさが違うヤゴも同じような育ち方をするのかな。 ○成長したトンボの体のつくりを予想する。 ・どんな体のつくりになるだろう。 ・ヤゴを飼って観察しよう。 	・チョウの育ち方と比べながら、ヤゴがどのように環境と関わっているか、また昆虫の成長のきまりや体のつくりについてそれらがヤゴにも当てはまるのか考えさせる。 ・観察カード等に予想をかく。 トンボの羽化後、体のつくりを確認する。 	△イ① △ア②
四次 （3時間：うち時間総合的な学習の時間2時間）	「来年もトンボが卵を産むためにはどうすればいいだろう。」 ・トンボが産卵できる環境をつくろう。 ＿＿＿＿ヤゴお誘いセットをつくろう＿＿＿＿ ・ヤゴの隠れる場所や止まって産卵する場所が必要だ。 ・いろいろなトンボが卵を産むことができるような場所をつくりたい。  ○トンボが産卵できるような仕掛けを考え設置する。 ・トンボは卵を産んでくれるかな。	・学んだことを生かして、自然に放たれたトンボが再び学校で産卵し、より豊かな自然を作りだすためにはどうしたよいか考える。 ・例えばペットボトルなどを使って、産卵のための足場となる浮遊物を設置したり、ヤゴのかくれがとなるように落ち葉を沈めたりする。 ・学んだことを生かして創意工夫された産卵のための装置やすみかをつくらせたい。 ・次年度への期待と生き物に関わる責任について考えさせたい。	ウ①

- 来年のヤゴ救出大作戦でたくさんヤゴが採れるといいな。
○作ったヤゴお誘いセットを設置する。
- 来年の３年生がヤゴ救出大作戦をするのが楽しみだ。

5．成果と課題

　第４次の学習の始め、児童から「私たちが命をつながなくちゃ」との声が上がった。本単元で変容を促すＥＳＤの価値観は「生物多様性の重視」である。生物多様性を「生物たちの豊かな個性とつながり」と捉えると、「命をつなげる」ための環境づくりに責任をもって取り組もうとする意欲が育っていると感じた場面であった。

　またヤゴを家庭で飼育する児童も多くいた。ある家庭では、なかなか羽化しないヤゴを家族みんなで世話をした。７月末になりやっと羽化したギンヤンマを家族みんなで見送ったそうだ。このような生物たちの命や豊かな個性を尊重しようとする態度が、児童から家族、家庭から地域に広がっていくことで、生物多様性の保全やＳＤＧｓ15の実現につながると信じている。

　３年生ではこの後、理科や社会、総合的な学習の時間と関連づけながら、生物と土との関わり、土と人との関わりについて学びを広げていく。社会科では地域の農家の方から土づくりに生き物が欠かせないこと、昔は堆肥を作って土づくりをしていたことを学ぶ。また理科では植物の成長や動物のすみかについて学ぶ。これらの学びを通して「しぜんとともに生きる」とはどういうことか、３年生の発達段階なりに一人一人が考え、まとめていく。そして２月に「ＥＳＤ子供報告会」で他学年・保護者・地域に発信する。この場でも意見を交流することで自分たちの考えをより深めて次年度に引き継いでいく。西田小学校では発達の段階に応じた「6年間のテーマと重視する価値観」を明確にし、学校の教育活動全体を通して持続可能な社会の担い手づくりに取り組んでいる。３年生で培った価値観や資質・能力を生かし、より広い視野で諸問題の解決に取り組んでいく。

　また、ＥＳＤを推進していくためには、地域の協力団体・個人の支援が不可欠である。本実践では４月にすぎなみ環境ネットワークの方とともに１年間の指導計画を立てた。その際、スケジュールの調整だけでなく、一つ一つの活動の目的や育成を目指す資質・能力を確認し合うことで、指導の一貫性をもち、共通の思いで指導を行うことができた。

　今後も、一人一人が「しぜんとともにくらす」ことについて考え行動することで、生物多様性の保全に向けた意識と行動の変容がなされるよう努めていきたい。

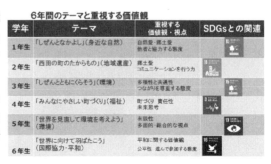

6年間のテーマと重視する価値観

学年	テーマ	重視する価値観・視点	SDGsとの関連
1年生	「しぜんとなかよし」（身近な自然）	自然愛・郷土愛 他者と協力する態度	
2年生	「西田の町のたからもの」（地域遺産）	郷土愛 コミュニケーションを行う力	
3年生	「しぜんとともにくらそう」（環境）	多様性と共通性 つながりを尊重する態度	
4年生	「みんなにやさしい町づくり」（福祉）	町づくり 責任性 未来思考	
5年生	「世界を見直して環境を考えよう」（環境）	有限性 多面的・総合的な視点	
6年生	「世界に向けて羽ばたこう」（国際協力・平和）	平和に関する価値観 公平性 進んで参加する態度	

◆本実践のポイント

A) 校内の自然環境や施設を活用した環境学習（ＥＳＤ）

校内のビオトープやプールなどの環境や施設を活用して、理科を基軸に身近な生き物（トンボ）の観察や飼育から児童の気づきや発見を促し、生物多様性について探究する学習を展開している。

B) 科学的な知識・技能、思考力を育成する体験学習

観察や採取、飼育活動などの多様な体験的学習を通して、児童に昆虫の体のつくりや生態などの科学的な知識、観察などの技能を身に付けさせ、自然に向き合うための思考力や態度を育成している。

C) 児童の興味・関心を高めるようなプロジェクトの提案

「ヤゴ救出大作戦」や「ヤゴお誘いセット」など、児童の興味・関心を引くようなプロジェクトを提案し、児童が楽しみながら自然愛護や環境保全の気持ちを高めるような工夫がされている。

D) 必要性のある学習課題の設定と関係機関との連携

「ヤゴの命を救う」という必要性のある学習課題を設定することで、専門家や関係機関と連携しながら児童の学習意欲と達成感・成就感を高める学習を展開している。さらに、この学習は他教科や総合的な学習の時間へと広がり、さらに上の学年の学習へと発展していく。

（及川幸彦）

ＥＳＤの授業づくり　ＰＡＲＴⅡ　「ＥＳＤと学級経営」

　ＥＳＤは探究的な学びを協働的に行うものである。自分一人ではなく、みんなといっしょに学びを進めていくためにも、学級経営が非常に重要なことは言うまでもない。全員が自分の考えを言い合える習慣や文化、どんな意見を言ってもいいんだという雰囲気があり、互いのよさを認め合える集団に高めておく必要がある。

互いの考えを聞き合う

　私が現場で勤めていたころ、大事にしていたことは、「わからない」を素直に言える風土である。たとえば、算数の授業で、大多数の子どもがその問題の解き方が分かっていたとしても、どうしても理解できない子が少数いるものである。そんなときに、自分から「わからない」と大きな声で言えるかどうか。子どもだってプライドがあり、みんなの前でできない自分を晒したくない。でも、ここで「わからない！だれか教えて！」と言ってくれることで、学びが深まっていくのである。そんなときは、教師が教えるのではなく、「だれかみんなの前でわかりやすく説明してあげて。」と言うと、必ずできるという子が意気揚々と出てきて説明するのだが、これがなかなかうまく伝わらない。納得のいく説明ができなかった子は、「わかっているつもりだったのに…」と自分の理解が浅かったことに気付く。何人か交代しながら、あの手この手で説明を繰り返す中で、わからなかった子が「そうか！わかった！」と声を上げたときに、だれもが満足感を味わうのである。こういう場面を積み重ねることで、常に「みんなでいっしょに学んでいこう」という集団ができていくと思っている。

自分の考えを述べ合う

　このような主体的で対話的な学びが自分たちでできるようになって、初めて深い学びが実現すると考えている。質の高いＥＳＤのためにも、これは必須であると思う。わからないからみんなで調べたり考えたりし、互いの考えをありのままに述べ合ってみんなで納得する答えを導き出そうとするところに、ＥＳＤの醍醐味がある。教師はあくまでも学びのプロデューサーであり、ファシリテーターであるためにも、よりよい学級経営に力を注ぐ必要がある。

（大西浩明）

11 東京都区部で取り組む持続可能なまちづくり
―地域とつながり、地域で学ぶ―

板橋区立板橋第三中学校　主任教諭　輪湖　みちよ

1　東京都区部のESD

　これまでに実践を行ってきた墨田区・板橋区は、共に下町情緒の残る地域である。江戸時代からの歴史や伝統文化を継承しながら、明治以降も様々な産業が発達し栄えてきた。現在は都心へのアクセスの良さから再開発やマンションの建設が相次いでいる。人口も増加し続けており、一見すると地域の持続可能性は高いように思える。その一方で、開発に伴って起こった河川や大気の環境悪化や、都市型水害や首都直下型地震等の災害危険性等の課題を抱えている。また転入者が多く、地域住民同士のつながりや関わりが薄く「顔の見える関係」を築きにくいといった課題もある。これでは、災害時に住民同士の助け合い（共助）は難しい。さらに自分自身が住む地域に関心をもち、主体的に関わる態度も育ちにくい。

　そこで、SDGs 4.7「2030年までに持続可能な開発と持続可能なライフスタイル、人権、ジェンダー平等、平和と非暴力の文化、グローバル市民、および文化的多様性と文化が持続可能な開発にもたらす貢献の理解などの教育を通じて、すべての学習者が持続可能な開発を推進するための知識とスキルを獲得するようにする。」を念頭に、テーマとしてSDGs 11「住み続けられるまちづくりを」を掲げ、中学校3年間の社会科と総合的な学習の時間を中心としたカリキュラムを作成し、実践後に修正を行うことを繰り返してきた。（令和3年度は第一学年を担当）

　カリキュラム作成にあたっては、①3年間を通した学びのつながり②総合的な学習の時間を軸とした教科間のつながり③地域や外部機関とのつながりの、3つの「つながり」を重視した。生徒が学習活動を通して知識や技能を身に付けながら、継続して地域と関わる中で、地域と自分とのつながりや関わりに気付いたり、地域をよりよく、持続可能にするために主体的に取り組む態度を身に付けたりすることを目指している。

2　カリキュラムの概要（3年間の学習内容）

目標	世界的な課題を視野に入れ、地域に学ぶ中で自分と社会とのつながりや関わりに気付き、身に付けてきた知識・技能や思考力・判断力・行動力を活かして、社会をよりよく、持続可能にするために主体的に取り組むことができるようになる。		
SDGsの視点で世界や身近な地域をとらえる　⇔　自分たちにできることを考え、行動する			
学年	第一学年	第二学年	第三学年
社会科	世界地理：SDGsに関連する課題を学ぶ（例）①アフリカ／貧困・格差②南米／環境・開発	日本地理：<u>身近な地域の特色をとらえる</u>（視点）①自然環境②人口③生活文化④産業⑤結び付き⑥歴史的背景	公民：現代社会の仕組みを知り、<u>持続可能な社会に向けて自分たちにできることを考え（行動す）る</u>

総合的な学習の時間	福祉・減災学習① （地域への提言）	減災学習②・復興支援 （被災地支援）	自分と社会との関わり （個人テーマ）
他教科等	理科：自然災害 国語：防災パンフレット 道徳：命、公正・公平	保健体育：災害と安全 国語：新聞作成 道徳：伝統文化、地域貢献	理科：持続可能な社会 国語：15歳の主張 道徳：命、社会貢献
体験活動等	**福祉体験**（妊婦・高齢者・**視覚障がい者**・車椅子）、起震車・応急手当・**減災ポスターセッション**・JICA出前講座・2030SDGs	地域調査・他校との交流・東日本大震災や熊本地震の講話・東京都慰霊堂訪問・**募金活動**	**地域調査・インタビュー**・他校との交流・**オンライン発表**・ポスターセッション、LbG
外部機関との連携・協力	町会・行政相談員・区（防災課など）・図書館・NPO団体（日本フィランソロピー協会・日本ファンドレイジング協会・すみほり隊等）・日本赤十字社・JICA・東北の中学校・企業（テラサイクル等）／アクサ・ユネスコ減災学習プログラム		

　2014年〜2019年の墨田区立両国中学校での実践と、2020年からの板橋区立板橋第三中学校での実践を整理して作成した。　※**ゴシック体**は次ページ以降で紹介する学習活動

2　学習活動

(1) 福祉体験

　第1学年総合的な学習の時間において、多様性を理解することを目的に行っている。学年所属教員から減災学習の前提として、生命尊重や人の多様性理解が必要だという声があがったことがきっかけになった。都市部において一人っ子や祖父母との同居体験がない生徒たちは、体験を通して妊婦や高齢者との関わり方を学ぶことができる。また障がいのある方についても接する機会が少なく、どのように接していいかわからない生徒も多い。点字体験後に「視覚障がいのある方は私たちの何倍も努力して学んでいる」「点字を使いこなすなんてすごい」といった声や、アイマスク体験の際に「とにかく怖かった」「（支援をしてくれる）相手との信頼関係が大切だと気付いた」といった声があがった。以降の減災学習や、自分と社会との関わり（個人テーマ）のテーマ設定に活かす生徒も見られた。

　福祉体験の機材は日本赤十字社の貸し出しプログラムを利用し、事前や当日に教員自身も体験を行うことで生徒だけでなく、教員も理解を深める機会となった。

点字を学ぶ・読む・打つ体験学習

アイマスク体験

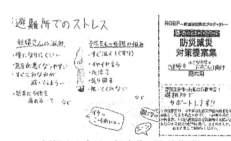
妊婦さん向けの提案集（生徒作成）

⑵ 減災学習

①減災ポスターセッション

　第1学年総合的な学習の時間の成果発表会として行っている。福祉体験の後に区の防災課の方々から地域で起こりうる災害や学校の備蓄倉庫の役割についてお話を伺い、日本赤十字社の方々から応急手当や避難所での体操、マッサージについて学ぶなど減災・防災についての知識や技能を学んだ。その上で興味・関心に応じた5～6名のグループを作り、学んだことをポスターにまとめた。ポスターや実演により、保護者や地域の方々とやりとりをしながら熱心に説明する姿は、自信にあふれて見えた。グループでの発表後は個人でテーマを決めた防災・減災対策の提案集を作成し、文化祭で生徒や保護者の方々に、校区の緑図書館で地域の方々に配布した。

　地域の方々とは発表の際に質疑応答を通して直接交流することで、顔が見える関係ができた。また、校区にある緑図書館とは資料を借りるだけでなくポスター掲示や提案集を設置していただくことで、生徒が地域との関わりやつながりを意識することにつながった。事前事後のアンケート比較で「地域のためにできることがある」の割合が7％、「地域から期待されている」の割合が8％、それぞれ増加していることからも生徒の変容につながる機会であったと考えている。

地域の方々を招いた
ポスターセッション

学習でお世話になった方々

校区の緑図書館に掲示されたポスター

②地域調査

　第2学年社会科「身近な地域の調査」において、水害や地震といった自然災害の防災・減災対策を考える実践を行った。事前に日本の諸地域の特色を学び、地域調査に必要な地形図の読み取りなどの知識・技能を身に付けた上で校区の野外調査を行った。野外調査にあたっては、防災・減災の専門家の方から地域に見られる標識や消火栓等の災害時に必要な情報を得る視点を教えていただいた。また、地元町会の方にインタビューを行い地域住民が行う避難訓練や、近隣企業と連携した帰宅困難者への対応を学んだ。自由行動の時間には各グループで災害時に危険な場所を調査したり、観光客へのインタビューを行ったりし中学生ができることを考えた。ワークシートには地域で起きた過去の災害やその対策から学んだ、自助や共助の大切さが書かれていた。

　各自が考えた対策からグループを作り、地域に向けた防災・減災対策を考えた。英語版ハザードマップの作成や区が行う防災に関するイベントでの発表などの考えを町会の方々や専門家の方に向けて発表し、最優秀に選ばれたグループはアクサ・ユネスコ減災学習プログラムの助成金を活用して、地域防災訓練を実施した。

防災・減災の専門家に堤防の役割を学ぶ

町会の方に地域での避難訓練についてインタビュー

身近な地域の調査ワークシートの一部（左：野外調査時の生徒メモ　右：対策のアイディア）

⑶ よりよい・持続可能な街づくり学習

①地域調査

　2020年は新型コロナウィルス感染防止の観点から、第2学年社会科「身近な地域の調査」で授業内に野外調査を行うことが出来なかった。そのため、夏休み期間に各生徒が訪れ、写真を撮って地域の特色をまとめるレポートを作成した。生徒はこれまでに世界や日本の諸地域を学習した際の地理的な見方①自然環境②人口③生活文化④産業⑤他地域との結び付き⑥歴史的背景のいずれかを選び、身近な地域の特色を表す場所を調査してきた。その上で、関東地方の特色と関連付けながらオンラインで、東北地方の生徒に向けて身近な地域の紹介を行った。その中で地域の多様な特色に改めて気付いたり、東北地方と比べることで自然環境の保全や伝統文化の継承、地域の人々との関わりといった課題に目を向けたりすることができた。

生徒もよく訪れる地元の商店街（生活文化）　学校近くを流れる石神井川（自然）　商店街の振興についてインタビュー

　昨年度の第3学年で総合的な学習の時間の個人テーマに「持続可能な街づくり」を選んだ生徒は、2学年生徒のレポートを参考にしながら少人数で野外調査を行った。そして、新旧の住民が安心して生活できる住みやすい街づくりや身近な地域の観光スポットについてポスターやプレゼンテーションを作成し、ポスターセッションやオンライン発表を行った。いずれの学習も新型コロナウィルスの感染防止対策で制限の多い中、オンラインの交流や発表といったこれまでにない学びや発信を体験する機会となった。行事が全てなくなり体験学習の機会が減少した生徒たちからも「自分や地域のよさに気付いた」「皆で発表を目指して取り組むことができた」といった声が聞こえた。教員にとっても、オンラインによる外部との交流や連携の可能性を感じる機会であった。

② LbG（ラーニング・バイ・ギビング）

　LbGは寄付が子どもたちの学びと社会のために活かされるプログラムである。昨年、第3学年が自分と社会とのつながりや関わりを考え行動するために、公民的分野の政治単元で取り組んだ。コロナ禍で困っている人を支援したいとクラウドファンディングで集まった約500万円の寄付のうち、板橋第三中学校の3学年に40万円（一学級10万円×4学級）が託された。実施前から主催者である日本ファンドレイジング協会の方と打合せを行う参加型の学習で、有志生徒がNPOの選定や授業内容について意見を出した。その結果、寄付先候補NPOは「ドリームタウン（板橋区：子ども食堂・まちづくり）」「キッズドア（東京・東北：学習支援）」「山友会（台東区：ホームレス支援）」「日本補助犬情報センター（神奈川：補助犬啓発）」に決まった。まず社会貢献について学び、その後事前に学習した人権課題と関連付けながら、NPOの方々にインタビューを行い社会課題について調べ、まとめた。まとめた内容を発表し、学級で一つの寄付先を決める話合いは、どの学級も時間がかかった。正解のない問いに、各自の経験やNPOの方々に学んだ知識に基づく多様な意見が出されたからである。誰のために10万円を寄付することが最も寄付者の想いを活かすことや、困っている人を助けることにつながるのか。考える中で、生徒は自身が目指す社会に気付き、対話を通して強い意志につながったことが記述や発言に表れていた。そして、それを個人の意見として貫くだけでなく、学級全体で話し合う場で互いの意見に対して感じたことや考えたことを伝え合う姿、時に周りの生徒を気遣いながら意見を引き出す姿が見られたことから、学級も一つの社会であり、どう関わるかを生徒一人ひとりが考え、行動する場になっていたと考えている。

ドリームタウンを訪れる人について学ぶ　路上生活者とどう関わればいいのかを聞く　同世代の相対的貧困を知る
（写真出典：日本ファンドレイジング協会「社会貢献教育ポータル」より　https://jfra.jp/ltg-portal/index.html）

3 生徒（教員・大人）の変容
⑴ 社会との関わりの中で自分の興味や関心を見つめ、追究する姿

　どの学習活動においても、最初は共通の内容や体験から始まる。それが、地域や人との関わりに学び、グループや個人テーマを設定し追究することを繰り返す中で、これまでの経験によって培ってきた課題意識が明らかになってくる。自分自身の課題意識が明らかになると、目標をもって学習に取り組むようになり、自分自身の学びや周りの生徒の学びに良い影響を与える。そういった姿が多く見られるようになった。教員も学習活動の意義を感じ、さらに良い学習活動をと考え、工夫するようになる。学びの相乗効果が起きつつあることを感じている。

⑵ 対話を通して気付き、考える姿

　コロナ禍でグループ活動ができない中であっても、生徒たちは付箋を使った紙上意見交換やオンラインの意見交換など、様々な方法で対話を行っている。その中で多様性に気付くと共に、自分自身の変容に気付く姿も見られている。LbG で路上生活者との関わりを聞いた生徒は「自分が偏見をもっていたことに気付いた」と語っていた。また、生徒の素直な感想や素朴な疑問に応えようとする中で教員や学習活動に関わる大人たちからも、取り組みや仕事の意義を再確認したとの声があった。世代を超えた対話によって、人や社会が変わる可能性を感じている。

⑶ 主体的に社会と関わる姿

　課題意識が明らかになり、対話を通して自信がついた生徒たちは課外活動を主体的に行うようになった。両国中学校の生徒は九州豪雨が起きた時に「募金がしたい」と訴え、被災した地域の現状を調べることに始まり、暑い夏だから寄付してくださった方にはうちわをプレゼントするなどの企画や募金場所の交渉や募金先の決定まで全て自分たちで行った。防災館に自主学習に訪れたり、NPO 主催の防災料理教室に参加したりする生徒もいた。また、板橋第三中学校の生徒の中にもオンライン LbG の企画や運営に参加したり、進学先での社会貢献活動を企画したりと継続して取り組んでいる生徒がいる。

4 今後の実践について
― 社会に開かれた教育課程による、よりよい社会づくりを目指して―

　これまでの実践を基に、今後もカリキュラムを修正しながら地域とつながり、地域で学ぶ東京都区部のＥＳＤに取り組んでいく。今後目指すのは、カリキュラム作成や実践にあたって生徒や保護者、地域の方々と協働していくことである。具体的には、目標設定の段階で教員・生徒・保護者・地域それぞれが学習活動を通して生徒に身に付けてほしい（生徒が身に付けたい）能力や態度を共有し、設定することから始める。その上で、地域の資源（人材や社会教育施設等）が活かせるカリキュラムを作成していく。その過程でも、教員だけでなく有志の生徒・保護者・地域の方々が参加することで社会に開かれた教育課程の実現に近付くと考えている。また、小中連携の仕組みを活かし地区の小学校と連携、協働してカリキュラム作成を行うことにも取り組みたい。

　人口が多く、企業や大学、NPO 等が集中している東京都区部の特色を活かしながら、質の高い教育活動（E）を行い、防災・減災や環境といった課題（SD）に取り組むＥＳＤにより、

生徒を中心に地域とつながり、関わる中で持続可能な街づくりを達成していく。

　地域の資源として現在考えているのが、関東大震災後板橋区に移転した養育院の院長を長く務めた渋沢栄一である。彼は「論語と算盤」「道徳経済合一主義」といった一見相反するものをバランスよく取り入れ理念とすることで、日本国内の経済や社会の発展と国際交流に力を尽くした。広い視野でよりよい社会を目指した先人のように、世界規模で考え地域で行動する挑戦を続けていきたい。

◆ 本実践のポイント

A）都市部の地域課題を踏まえた「都市型ESD」

　地方に比べ、都市部では地域課題が顕在化しにくいせいか、特に、地域課題を踏まえたESDの事例は少なく、どちらかというと国際理解や地球環境問題など一般的な事例を扱うことが多い。しかしながら、都市部においても、減災・防災、格差や貧困、外国籍の方々等の社会的包摂など多くの持続不可能な課題が存在する。本実践は、それらの課題と向き合い、その克服に向けた教育、すなわち、「都市型ESD」に挑戦したものであり、そのモデルとなり得るものである。

B）3つのつながり重視したカリキュラムマネジメント

　本実践では、①3年間を通した学びのつながり、②総合的な学習の時間を軸とした教科間のつながり、③地域や外部機関とのつながりの3つのつながりを重視したカリキュラムマネジメントが実現されている。日本の学校教育においては、この縦（学年）と横（教科）、外（地域・機関）をつないだ有機的な教育実践が大きな課題となっている。とりわけ、中学校・高校は教科担任制ということもあり難しい面がある。しかし、この3つのつながりを保障することは、ホールスクールでのカリキュラムマネジメントを実現することであり、ESDでは重要な視点である。

C）生徒（学習者）主体の多様な体験・探究活動

　本実践では、生徒は主体的に学びを進める多様な体験活動や探究活動を通して課題を把握や実感し、社会的弱者等への共感を深めている。そして自分たちに何ができるかを考えて地域や保護者へ発信したり、地域防災訓練等を企画、実施したりして学びを行動につなげている。同時に、各教科で身に付けた知識や技能を活用したり専門家の知見を学んだりして探究学習の質を高めている。

D）コロナ禍による新しい様式の中での学びの場の創出

　コロナ禍で体験活動や学校行事が減少する中で、オンラインを活用した他地域の学校との交流学習やポスターセッション、オンライン発表等を行い、代替となる新たな学びの場を創出している。

E）LbG による生徒主体の社会参画や貢献と課題解決の学び

　寄付を社会貢献、社会課題の解決に生かすための対話と議論、決断と行動という学習を通して、自分たちが克服すべき課題や求める社会像を認識するという実践的なESDな学びを展開している。

（及川幸彦）

ＥＳＤの授業づくり　ＰＡＲＴⅢ　「質の高いＥＳＤのために」

①地域教材の開発

　持続可能な社会づくりは、身近なところを舞台に行われていくものである。そこで、ＥＳＤで取り上げる題材も地域の中に求めていきたい。地域にある「ひと・もの・こと」を教材化することで、子どもたちが切実感をもって学習を進めることができる。また、フィールドワークや体験活動が可能となったり、様々な人と出会うことができたりすることで、課題がより自分事化され、学習後の行動化が大いに期待できるものとなる。

ゲストティーチャーのお話を聞く

②結果としてＳＤＧｓに関連する

　よく「ＳＤＧｓの○番に関する授業」というのを聞いたりするのだが、授業構想がそこから始まるのは違うと思っている。地域の題材から持続可能な社会に向けての課題や方策を調べたり考えたりする、いわゆるＥＳＤの授業をきちんと進めていけば、結果として自ずとＳＤＧｓのどれかには必ず関連しているはずである。ＳＤＧｓから授業を考えたら、ＳＤＧｓを知るための授業になってしまう危険性があるように思う。自分たちの学びが、地域だけでなく世界ともつながっていると子どもが感じたときに、ＳＤＧｓの○番と関連していると気付けばいいと考える。

③仲間とともに学び合う

　教材について研究する際にも、授業構想をしたり学習指導案を作成したりする際も、自分一人でやっているとどうしても煮詰まってしまうときがある。そんなときは、同僚や研究仲間にどんどん意見を求めるべきである。同じ教材でも、多様な目で見ることで自分だけでは思いつかない学習内容や学習方法が見つかるものである。子どもにも対話的な学びを求めるように、教師自身もいろいろな人との対話を通して自らの授業をブラッシュアップさせていきたいものである。

授業構想案の相互検討

（大西浩明）

12 持続可能な地域社会を創造する生徒の育成
―地域活性化に向けた取組を通して―

大牟田市立宮原中学校　教頭　杉　野　浩　二

【実践①】　2年総合
「なにわのまちで炭坑節を高らかに！〜修学旅行での大牟田特産品販売〜」

⑴ 単元の目標

　　大牟田市の特産品を修学旅行先（大阪）で販売する活動を企画・実施することを通して、郷土のよさを多面的・多角的に考察し、理解するとともに地域社会の形成者として社会をつくろうとする態度を育てる。

⑵ 単元で育てようとする資質や能力及び態度

【学習方法に関すること】
大牟田市の特産品にかかわる必要な情報を収集し、多面的・多角的に分析する
【自分自身に関すること】
特産物販売を通して、地域に対して自分にできることを考え行動する
【他者や社会との関わりに関すること】
地域社会への自分の関わり方を考え、社会活動に参画する

⑶ 単元で学ぶ内容

　　1　大牟田市のまちづくりや地域活性化に取り組んでいる人々や組織とその思い
　　2　地域の一員として、まちづくりや地域活性化に関わろうとする活動や取組

⑷ ＥＳＤの視点から見た本実践の特色　　　（日本ユネスコ国内委員会　2014　より）

　　［A　体系的な思考力］
　　　　人と人との「つながり」や「かかわり」を通した課題解決プランの作成
　　［B　持続可能な発展に関する価値観］
　　　　大牟田市を活性化させようとする心情や郷土愛の理解と継承
　　［C　代替案の思考力］
　　　　観光活性化の視点からみた大牟田市の未来像の提言
　　［D　情報収集・分析能力］
　　　　大阪のF商店街の市場調査に関わる情報収集や情報分析
　　［E　コミュニケーション能力］
　　　　特産物の仕入れから販売にいたるまでの生産者や購入者との交流

⑸ 指導計画（30時間）

段階	学習活動・内容	指導上の留意点・方法	ESDの視点
で あ う ⑤	1．大牟田市の課題を把握する ・少子高齢化の人口 ・産業の空洞化 ・少ない交流人口	○市の課題を把握することができるように市役所産業振興課の方の話を聴く場を持つ ○CBS法で課題をあげさせ、KJ法的手法で集約させる	A
さ ぐ る ⑯	2．大牟田市の特産品について調べる ・有明海の海産物 ・上内みかんなどの農産物 ・かすてら饅頭などの菓子	○特産品について想起することができるように、市役所の担当者の話を聴く場を設定する ○インターネットを活用して特産品を調べることができる環境を整備する	A
	3．販売したい特産品を決める ・試食	○消費者の動向を知るために大阪の市場動向を調査する場を設定する ○資料・パンフレット調べなどの商品知識を高める活動を仕組む	D
	4．特産品販売の準備をする ・特産品の仕入先と交渉する ・販売促進グッズの作成 ・ポップの作成 ・ポスターやチラシの作成 ・CMの作成	○販売活動に必要だと思われる役割や係を決めさせる ○販売する特産品の量や販売価格をリサーチさせ、仕入先との交渉を行わせる ○個々の特技等を生かしながら特産品販売に関わる用具の作成や準備を支援する	D E
ね り あ げ る ⑤	5．大阪で特産品を販売する	○販売を成功させるための工夫を考えさせる ○修学旅行先の大阪で特産品を販売する場を設定する ○販売形態や宣伝方法の工夫しておく	D
つ く る ④	6．販売活動の振り返りを行う ・地元での販売活動 ・大牟田市の観光活性化の提言文を書き発表する	○地元で行われたイベントに参加し大阪での体験を生かして販売活動に参加させる ○観光活性化の提言文を書かせる	B C

⑹ 実践の概要

　　鉱工業都市として繁栄した大牟田市の人口は、炭鉱閉山により減少し、現在、約11万人である。生徒たちにとって、大牟田市は「少子高齢のまち」「何もない田舎」との認識は強い。そこで、市役所産業振興課の方を招き、市が抱える課題について、ワークショップを通して把握した。生徒の視点から見たまちの課題をCBS法で書き出し、KJ法的手法に集約して視点の整理をした。その中で、市の実情や福祉に関わる労働者の不足や交流人口の減少についても意見が出てきた。

課題を探るワークショップ　　　　市役所の方による講話　　　　　業者の方との交渉

学習の中で、「交流人口の減少」がキーワードとして出てきたため、その原因を考え、「Ｐ
Ｒ不足」や「高速道路から遠い」等の意見が出た。そこで、市のＰＲ不足を解消する手立て
として、修学旅行で大阪・京都に出かけることに着目し、「現地でできること」について検討
した結果、「市の観光ＰＲ」と「特産品販売」を行うこととした。しかし、どのような観光資
源や特産品があるのか、彼らはあまり知らない。そこで、市役所の方から、農林水産物の生産・
出荷状況、工業製品や加工食料品の生産状況に関する話をうかがい、今まで知らなかった特
産品の存在やその歴史的由来、生産者の願いなどに気づき、発見をしていた。また、大阪で
の販売に適しているのか否かについても、併せて判断した。「輸送する際に日持ちがするか？」
「大阪の購入者の嗜好に合ったものか？」など販売にあたっての商品選択判断基準を生徒たち
が示した。そこには、「購入者を意識した販売者としての自分」という姿をみることができた。

　調査活動を進めていく過程で、活字情報だけでは分からないことに気づく。そこで、生産
者から商品を取り寄せ、試食をしたり購入者の姿を把握するために市場調査を実施したりし
た。消費者のニーズをつかむために販売地を取り巻く環境、通行人のながれ、客層、販売価格、
近隣の状況等について調査した。大阪への市場調査や大牟田での商品調査を経て、販売する
品目を決定した。判断基準としては、「①大牟田らしさがみえる品目②販売コスト③商品の調
達の容易性④大阪の人への受け入れられやすさ」などがあった。この中で、「大牟田らしさが
出ているものを大阪の人は望んでいる」と報告されると、「大牟田では普通のものが大阪では
貴重なものであるのか」という議論がおきた。市外から見たニーズと市内にいて盲点となっ
ている視点のズレをみた場面である。話し合いの結果、12品目を大阪で販売することを決定
し、それぞれの特産品を仕入れる段階に入った。仕入れについては、生産者や卸売業者、販
売業者に連絡をとり生徒が赴き、仕入れ量と仕入れ価格を提示し関係者と交渉を行っている。
生徒も業者の方々も初めての取組であるが、趣旨をご理解いただき、快く交渉に応じてもらい、
緊張していた生徒たちも安堵感をおぼえていた。

　各係は、販売に向けた最終準備に入り、成功さ
せるための工夫について話し合った。

　大阪到着後、事前に送付していた特産物を陳列
した。商店街には事前に郵送した告知ポスターや
チラシが掲示してあり、スピーカーを通してＣＭ
も流された。

　生徒たちは、販売ブースと番重を抱えた行商ス
タイルで、販売をすすめた。販売終了後、活動を
振り返り、今後の自分自身の社会との関わり方に
ついて考えた。販売に際し立てた行動目標を達成
できたか否か見直し、振り返りをした。次に販売
活動の内容と方法についてまとめを行った。

　反省として、有明海苔が売れ残りそうになった
ことをあげた生徒が多かった。理由として、大阪
では、味付海苔を食べる人が多く、持ち込んだ海
苔は乾燥海苔であったために売れ残ったことを挙
げていた。

　その後、大牟田市で開かれた地元特産物を販売

準備万端！いざ大阪へ

大阪での販売のようす

するイベントに参加し、販売体験・実演体験を行った。最後に、これらの体験をもとに大牟田の観光活性化の提言文を書いた。その中で、九州新幹線と関連した活性化や夏祭りを中心としたイベント集客をめざす提言文もみられた。「大牟田のオリジナル商品づくり」について意見を述べた生徒もおり、このことが3年生に進級後に展開される「大牟田の特産品をつくろう」の取組へとつながった。

【実践②】　3年総合　「大牟田市の新しい特産品をつくろう！」

⑴ 単元の目標

　　大牟田市の新しい特産品づくりを企画し、製品を実際に販売する活動を通して、将来に向けての市のあり方を考え観光振興の視点に立つまちづくりに参画しようとする態度を育てる。

⑵ 単元で育てようとする資質や能力及び態度

【学習方法に関すること】
　　特産品づくりや販売に必要な情報を収集・分析して新製品開発を行う
【自分自身に関すること】
　　観光振興の視点に立つまちづくりに際して自分にできることをみつける
【他者や社会との関わりに関すること】
　　自己や友人、GTと協働して特産品づくりの企画や販売をすすめる

⑶ 単元で学ぶ内容

　　地域の一員として、まちづくりや地域活性化に関わろうとする活動や取組

⑷ ESDの視点から見た本実践の特色

　［A　体系的な思考力］
　　新特産物開発に関わる創造的な発想と論理的な思考
　［B　持続可能な発展に関する価値観］
　　様々な社会資源や各種団体との連携に伴う「つながり」「かかわり」の構築
　［C　代替案の思考力（批判力）］
　　アイディアを商品化するためのクリアすべき課題の掲出とその解決
　［D　情報収集・分析能力］
　　新しい特産品開発に関わる市場調査等の情報収集や情報分析
　［E　コミュニケーション能力］
　　自分が持っているアイディアを出し合い議論することによる考えや思いの表現・協働

⑸ 指導計画（19時間）

段階	学習活動・内容	指導上の留意点・方法	ESDの視点
であう⑤	1．大牟田市の特産品の現状を知る ・販売体験の振り返り ・特産品のカテゴリー分析	○大阪での修学旅行における特産品販売を想起させる ○大牟田市の特産品の現状を知るために、カテゴリー分析を行う	A C

さ ぐ る ⑯	2．新しい大牟田の特産品の構想 を考える ・特産品の構想 ・特産品の決定 3．商品構想を練る ・市場調査 ・経験談を聴く会 ・新製品試作と実演見学	○新しい大牟田の特産品の構想を個で考え、アイディアを出し合わせる ○市場の動向を探るために、質問項目を考え、アンケート調査を実施する機会をつくる ○大型ショッピングセンターにて消費者を対象に市場調査を行う場を設定する ○GTを招き特産物開発に関わる経験談やアドバイスを聴く	A E D
ね り あ げ る ⑤	4．商品化に向けての準備を行う ・業者の方との話し合い ・新特産品の名前の考案 ・販売に必要な道具の準備	○生徒たちが考えた新特産物開発プランに基づき職人の方々に製品を試作していただく ○新特産物の構想を練り直し、業者に伝える場を設定する ○よりよい製品をつくるために試作品を吟味して改善案を提案し、意見交流を行わせる	B C E
つ く る ④	5．新特産品の販売 ・商店街での販売 ・学校行事での販売 6．観光振興の視点から見たまち づくり構想の提案を行う	○銀座通り商店街や新栄町一番街でのイベント ○観光振興の視点から見た地域活性化のために自分ができることの活動構想案を作成させ意見交流する場を設定する	E B

(6) 実践の概要

　　修学旅行における大牟田の特産品販売を経て、まちの産業活性化に向けた提言文を作成したことを受けて学習を始めた。「産業活性化」の方策として、「観光の視点からの活性化」に関わる提言が多かった。このことは、観光協会が市内の高校生と共にすすめている「お好み焼きによるB級グルメ構想」や世界遺産に関わる観光など市が推進している施策と合致する部分が多い。そこで、前回の実践をふまえ、「新しい大牟田の特産品開発」を通して観光振興の視点から見た地域活性化を提言する活動を仕組むこととした。

　　まず、大阪での修学旅行における特産品販売を想起させた。販売する特産品を決定する過程で生徒たちは選択に苦慮した。最も大きな壁は、「売りたいものがなかなか見つからないこと」である。そもそも、特産品とは、地域の自然と長い歴史の中で誕生し多くの地元住民に長い間支持されて伝わってきたもので改善を重ねられてきたものであり、一朝一夕につくられるものではない。しかし、新しい特産物をつくろうとする過程を体験することを通して、地域活性化に向けた人々の姿を理解させるとともに地域社会を形成する市民としてまちづくりに参加する態度を形成させていきたい。そこで、現存する特産品のカテゴリー分析を行った。「農産物、水産物、菓子、工芸品」等に分類し、各々の背景にある自然的条件や社会的条件を探った。しかし、中学生にとって馴染みのうすく知らない特産品も多かった。

　　ここに、新しい特産品をつくろうとする動機が生まれ、中学生世代が新しい特産品を開発することにより彼らの視点での社会参画を図ろうとした。「さぐる段階」では、新しい特産品開発に向けて見通しを持つ場を設定した。まず、生徒の発想に基づいて個々で自由に特産品の構想を練らせる。

生徒が構想したケーキ

大牟田市の農産物や水産物を使ったり、まちの歴史や文化を考慮したりして考えた新しい特産品の構想イラストを書かせ、構想の意図を出し合わせた。次に、大牟田らしさがみえないものやコストがかかると予想されるものは、候補から除外した。

市場調査

絞り込んだ 11 の作品について大型ＳＣにて消費者の動向を知るため市場調査を行った。市場調査の結果を受けて絞り込まれた、「石炭みかんロール」「炭都だんご」の２つの作品を洋菓子職人のＩ氏と和菓子職人Ｍ氏に、試作していただき、生徒たちが試食した。「石炭ロール」や「炭都だんご」を新特産品として生徒たちが販売しようとしたとき、賞味期限の問題が出てきた。どちらも生菓子であり日持ちのする商品ではなく、路上等での販売に適したものではなかった。そこで開発商品の変更を余儀なくされ、検討の結果「クッキー」が浮上した。今度はクッキーのデザインをすることとなり、様々なクッキーのデザインを生徒たちが考え、６つの候補作品がでてきた。これらの候補作品を洋菓子業者のＩさんに試作していただき、デザイン考案者がＩさんに形や構想にこめた思いを伝えた。Ｉさんからは生地や大きさなどの質問が生徒たちに出され、やりとりは続いた。数日後、試作品が完成。生徒たちは、自分の構想が

プロ職人による指導

具現化したものをチェックし、その後、改善プランを提案し、実際に販売するクッキーをつくった。

人通りのない商店街を活性化させていくために、商店街振興組合が毎月行っているイベントに参加させていただきクッキー販売を行った。クッキーは、販売開始後 30 分で完売。中学生の姿に足を止め購入してくださった。

これらの活動を振り返り、生徒たちは「観光振興の観点からみたまちづくり構想」の提案文を作成した。「自分は○○をして関わる」という意識が強い提案文が多くみられた。ここには、わが町大牟田を活性化させていくための中学生なりの決意をみることができた。人任せではなく「自分にできることから小さなことでもやっていきたい」という気もちの表われであるととらえたい。

なお、このクッキー販売は現在も続けられており、収益金は、東日本大震災で被災した気仙沼市へ送られている。なお、今回、掲出した実践は、筆者の前任校での実践である。

クッキー製作の打ち合わせ

市販されたクッキー

商店街のイベントでの販売

【 成果と課題 】

　　生徒が生活を営んでいる地域社会を教材化したことにより、学習を身近なものとしてとらえていた。地域社会に実際に関わり活躍している人々と「願い」「価値」を共有したことは、その後の学習に大きな影響を与えていた。活動を現実的なものにするためには、地域社会の課題に対しての価値追究を行い、自らの意思やその働きかける活動を課題に準じたものにしていけばよいことも学習の過程でみえてきた。また、この取組は、現在も後任の先生方によって、アップデートされつつ続いている。一方で、この活動を経験した生徒たちが社会人として大牟田に就職し、まちづくりの若い原動力として活動を始めたことは、教師冥利に尽きることである。

◆ 本実践のポイント

A) 2学年を接続した学習の連続性と発展性

　　2年次の修学旅行を活用した特産品の販売活動から3年次の生徒の自主性や発想を生かした特産品の開発へと、学年を越えて学びの連続性が保証され、生徒が発達段階に応じて長いスパンで主体的に課題を探究し学びを深めるカリキュラム編成となっている。

B) 特産品をテーマした地域への所属感と達成感の醸成

　　地域の身近な特産品をテーマに探究することで、生徒は地域の歴史や産業を掘り下げ、その良さや課題を体感的に認識して行く。また、その過程で地域の人々の工夫や努力に触れ、地域への誇りや所属感を醸成するとともに、自身の販売や開発等を通じて地域貢献への達成感を高めている。

C) プロジェクト型の学習を通したESDの能力・態度の育成

　　2年次では「特産物を修学旅行先で販売する」、3年次では「オリジナルの特産を開発して地域を元気にする」という生徒にとって魅力的で明確なミッションを掲げ、その実現に向けたプロジェクト型の学習を展開するの中で、生徒にESDで重視すべき様々な能力・態度を育成している。

D) 特産品の開発を通じた持続可能な街づくりへの貢献

　　3年次では、自分たちが開発した市の新しい特産品を商品化し、学校行事や商店街で販売して市民に向けて発信したり観光振興の視点から街づくり構想を提案したりするなど、生徒の主体的な活動を通じて持続可能な街づくりに貢献する態度の育成を図っている。

（及川幸彦）

持続可能な社会の創り手としてのソマティック・マーカー装置

　脳は目や耳といった感覚器官及び内蔵などから24時間、ずっと刺激を受け、身体の平衡を保っている。これらの刺激のほとんどを私たちは感知することはないが、特定の刺激に対しては、ソマティック・マーカーという脳内信号が発せられ、情動が生まれる。脳科学者であるアントニオ・R・ダマシオは、この情動が生理的反応や感情に影響を与えており、適切な意思決定に無意識の情動的身体反応が不可欠であるという、ソマティック・マーカー仮説を提案している。

　この脳内信号は人間だけに備わっているのではなく、例えば自分に危害を加える生き物が近づいているのを感知して隠れたり、エサや水のある方向を感じて移動したりすることで、生存確率の向上に寄与している。ソマティック・マーカー装置は、先天的に備わっているものであるが、社会的な生き物である人間の場合は、自らが所属する文化に適合できる行動を促す上でも影響していると考えられている。つまり、ソマティック・マーカー装置は経験や教育によって進化させることができるというのである。

　現代社会は持続不可能な社会であると言われるが、実際は、先進国に住む私たちが気がついていないだけで、先進国の豊かさと引き替えに、途上国において貧困や飢餓、暴力、自然破壊が進んでいる。先進国の住民が快適な生活を続けていく上で生じる矛盾を途上国に外部化し見えなくすることで、私たちは楽しい毎日を過ごしていると言っても過言ではない。

　この持続不可能な状況を変えるのは先進国に住む私たちの役割である。私たちが変わることで世界が変わる。その行動の変革に必要なのが、持続可能な社会の創り手として、持続不可能性の原因となっている身の回りの事象に敏感に反応するソマティック・マーカー装置を育てることである。経済重視の社会の住人である大人は、損得に関するソマティック・マーカー装置は十分に備えているが、自然環境の保全や公正な社会づくりに関するソマティック・マーカー装置を身に付けているとは言えない。何もしなければ、子ども達も持続可能な社会の創り手としてのソマティック・マーカー装置を身に付けることはできないだろう。まず、教師自身がESDやSDGsを研究し、持続可能な社会の創り手としてのソマティック・マーカー装置の獲得に取り組んでもらいたい。そして、教科学習だけでなく、学校教育の様々な機会を捉えて、子どものソマティック・マーカー装置の洗練化を支援していただきたい。

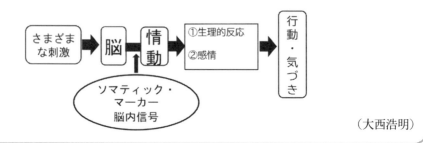

（大西浩明）

13 「地域のたから」を世界へ発信!
—世界文化遺産「日本の産業革命遺産(宮原坑)」の学習を通したまちづくり—

大牟田市教育委員会 指導主事 高 倉 洋 美

1. はじめに

　大牟田市は福岡県の最南端に位置し、室町時代の「燃ゆる石」の発見から現代まで、石炭とともに発展してきた人口約11万の街である。市内には、炭鉱関連資産が数多く残っており、「三池炭鉱宮原坑」「三池炭鉱専用鉄道敷跡」「三池港」が「明治日本の産業革命遺産」の構成資産として、平成27年7月世界文化遺産に登録された。

　大牟田市は平成24年1月に市内の全ての小・中・特別支援学校がユネスコスクールに加盟し、各学校においてESDの充実・推進を図っている。

【世界文化遺産「宮原坑」】

　また、大牟田市教育委員会が中核となりESDコンソーシアムを形成し、ESD推進本部を設置し、「大牟田版SDGs」を作成するなど、市をあげてSDGsの達成を目指したESDの推進に取り組んでいる。

　世界遺産学習については、市内全小学校の6年生が市内の世界文化遺産関連資産をバスで見学し、学習したことを活かしてボランティアガイドやチラシを配布するなど、各学校で特色ある学習に取り組んでいる。中学校では、平成28年「世界遺産学習中学校版教材集」を作成・配布し、総合的な学習の時間や社会の授業に積極的に取り入れている。

　平成27年、「三池炭坑宮原坑」「三池炭坑専用鉄道敷跡」が世界文化遺産候補となり、様々なイベントが行われるなど世界遺産登録に向けて動き出したことで、「宮原坑」が自分たちの街の宝だと気づき、興味・関心をもつようになった生徒と、あまりにも身近にあり、世界遺産になるわけがないとつぶやきながらも気になる生徒がいた。また、「どうせ私たちは……」とネガティブな言葉が多く、自尊感情が低く、自分に自信のない子どもたちが多かった。

　そこで、平成27年4月から、ESDの視点から「地域のたから」である世界文化遺産「三池炭坑宮原坑」「三池炭坑専用鉄道敷跡」を教材化し、様々な関わり、つながりを通して自分たちの住む地域を見直し、持続可能なまちづくりを考える世界遺産学習に取り組むことにした。
　(旧米生中学校は旧勝立中学校と再編し、平成29年4月宮原中学校となった。)

2. ねらい

　地域の宝である世界文化遺産の学習をとおして、郷土大牟田に誇りを持ち、郷土を愛する心情の育成を図るとともに、地域の宝を守り未来に受け継ぐ持続可能な社会の創り手として、自ら考え行動できる生徒の育成を目指す。

3．学習活動の概要（平成27年度～平成29年度）

	第1学年 「関わり、つながり」を 深める学習	第2学年 自ら考え行動できる生徒を 育む学習	第3学年 「関わり、つながり」を深め ながら、自ら考え行動できる 生徒を育む学習
つかむ	・小学校交流会 ・宮原坑見学 ・学習発表会	・修学旅行先である京都の 世界遺産についての学習	・世界遺産学習を通した再 編後他校から来た生徒と の関わり・つながり
深める			・第2回「ぼくらの世界遺産 写真展」の開催 ・地域との協働を考える
広げる	・人々の思いや願いをつなぐ →ポスター掲示、様々な場 所で発信 ・「ぼくらの世界遺産写真 展」の開催 ・地域と協働で「花いっぱ いプロジェクト」 ウェルカムボード・リーフレット	・修学旅行（京都）で ・ちがいの調査 ・大牟田の世界遺産の発信 ・地域行事への参加・発信	・「宮原坑」でのボランティ アガイド 　日本語・英語 ・世界遺産を通した地域と 協働したまちづくり

4．学習活動（平成27年～平成29年）

⑴ 「関わり、つながり」を深める、地域の宝「世界文化遺産『宮原坑』」の学習

　　ア　つかむ段階　世界文化遺産登録前

　　平成27年4月、地域遺産学習として、「地域のたから」について学習を始めた。

　　生徒たちにとっての「地域のたから」は、やはり当時世界遺産候補であった「宮原坑」が第一位だった。そこで、「宮原坑」を中心とする世界遺産候補について、小学校で学習してきたことをもとに交流を行った。小学校で、ボランティアガイドの経験をもつ生徒で、「地域のたから」である「宮原坑」のことは知り尽くしていると自慢している生徒もいれば、「宮原坑」のことはほとんど知らないという生徒もいた。

　　異なる出身校の4～5名のグループを無作為につくり、互いに小学校で学習してきた世界遺産・地域遺産について交流を行った。少人数によるこの交流では、互いに積極的なコミュニケーションを図り、他の小学校から来た生徒とも互いのことを知るきっかけとなった。そして、世界遺産候補「宮原坑」について、「自分より詳しく知っている友達がいていろいろ教えてくれたので、楽しかった。そして、もっと知りたい。」と、さらに関心を高めることができた。

　　そこで、世界遺産推進室の方に解説を依頼し、実際に「宮原坑」を見学した。熱心にメモを取ったり、積極的に質問をしたり、自ら学習に取り組んでいた。その後、グループでまとめ、地域の方や保護者の方に学習発表会として発信した。発表会では、地域・保護者の方にアンケートを書いていただき、今後の学習に活かしていくことにした。そのアンケートを通して、地域の方々に高い評価を受けるとともに、いろいろなところに発信してほしいという願いを受け取ることができた。世界遺産登録をめざして作成したポスターは、大牟田駅や観光協会にも掲示していただき、地域に発信することにした。また、交流を行っていた岩手県気仙沼市の中学校にも発信した。

【小学校交流発表】
[課題設定]

【宮原坑見学】
[情報収集]

【ポスター作成】
[整理・まとめ]

【学習発表会】
[発信]

イ　深める段階　世界文化遺産登録後

　平成27年7月8日、「世界遺産に登録決定！」の報道。

　この報道発表を聞いた瞬間、生徒たちは拍手喝采！自分たちの「地域のたから」が「世界のたから」になったことに、興奮した様子だった。そして、「世界遺産になったのだから、もっと世界に発信しよう！そのためには、もっと詳しく知りたい！」と、さらに学習を深めようという意欲が高まった。

　これらのことから、「もっと詳しく調べ、広く発信したい！そしてたくさんの人にきてほしい。」という新たな課題を見出した。そこで、「地域の人々、『宮原坑』に関わった人々にインタビューしたい。」と自分たちで考え、インタビューすることにした。直接会って話をすることで、詳しく知ることができ、さらに地域の人々と関わり、つながりを広め、深めることができた。ある生徒は、昔から炭坑の側に住んでいた祖父にインタビューし、当時の「宮原坑」にタイムスリップしたかのような詳しい話を聞くことができ、また、当時の作業の様子がわかる写真を手に入れた生徒もいた。どの生徒も当時の人々の生活の様子や思いや願いを深く知ることができていた。

　これらは、各自が書いた「インタビューメモ」にしっかりと記されていた。インタビューして得た情報を振り返り、キーワードをグループで整理・分析することで、地域の人々や、炭鉱に関わった人々の生活の様子や思い、願いを深く知ることができた。特に、当時の炭鉱による産業の発展を知ると同時に、炭鉱で働いた人々の苦労や努力を知り、当時の様子に思いを馳せることができていた。そして、今の大牟田があるのは当時の方々のお陰だということに気づき、これらを受け継いで未来に伝えていかなければならないという思いが高まってきた。

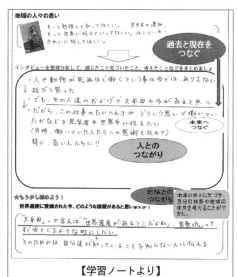
【学習ノートより】

(2) 自ら考え行動できる生徒を育む、地域の宝

　「世界文化遺産『宮原坑』」の学習

　「宮原坑」の価値や当時そこに関わった人々、地域の人々の思いを「自分たちがつないでいきたい。」「世界の人々に伝え、多くの人にきてもらい自分たちの住むまちを明るく元気にしたい。」という活動意欲が高まり、どのように伝えて行くのか、自分たちにできることは何かについて考え、様々なアイデアを出し、次々と行動し始めた。

　そして、この頃から、地域の行事等に積極的に参加する生徒が増えていった。さらに、多

くの生徒の世界遺産検定への挑戦も始まり学習意欲も高まってきた。

○私たちが考えるまちづくり発信プロジェクトNo.1 「ぼくらの世界遺産写真展」

　「宮原坑に対する自分の思いを伝えることのできる写真を撮って世界に発信しよう！」とあるグループが企画書を持ってきた。このグループの企画運営で1人1台のカメラを手に撮影会の開催が実現した。作品には、生徒一人一人の思いを込めたメッセージを添えた。写真展は、校内、大牟田市のユネスコスクール子どもサミットの会場や市役所ロビー、石炭産業科学館でも開催し、生徒たちの思いを伝えた。「さらに広く発信したい。」との思いから福岡県の美しいまち景観大会・伊勢志摩サミットコンテストなどにも出品し、全国に発信した。

　さらに、学習の振り返りでは、プロジェクトに取り組む中で学んだこと、次のプロジェクトに向けて考えてほしいことをまとめ、自分たちから他のグループに伝えた。

【「ぼくらの世界遺産写真展」ポスター】

【撮影会の様子】

【写真展の様子】

○私たちが考えるまちづくり発信プロジェクトNo.2 「笑顔いっぱい、花いっぱいプロジェクト」

　さらに、団琢磨が100年先の大牟田を見据え三池港をつくったように、「自分たちも大牟田の未来を考え、明るく元気な街を発信したい。」、「宮原坑を中心とした街中を花でいっぱいにしたい。」と、地域の方々との協働企画で、『笑顔いっぱい、花いっぱいプロジェクト』をスタートした。地域の一軒一軒にポスターを配布し、庭や軒先にひまわりを咲かせていただけるようお願いをした。

　2年生の夏は、苗の育ちが悪かったが、3年生の夏、夏休み中1日も欠かさず朝夕の水やりを続けた生徒を中心に世話をし、世界文化遺産「宮原坑」の花壇にたくさんのひまわりを咲かせることができた。

　卒業後の夏は、新1年生がこのプロジェクトを受け継ぎ、地域の方々と協働で、たくさんのひまわりを咲かせていた。

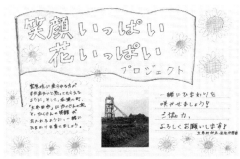

【プロジェクトのポスター】　　　　　　　　　　　【3年の夏、見事に咲いたひまわり】

◯私たちが考えるまちづくり発信プロジェクトNo.3 「『宮原坑』大牟田のリーフレット作成・配布」

　世界文化遺産「宮原坑」を世界に発信したいと考え、リーフレットを作成し、市内各地や大型商業施設で配布した。

　2年時の10月、京都への修学旅行で、京都の観光客に大牟田にも足を運んでもらおうとリーフレットの配布計画を立てた。生徒たちから京都は世界中からのお客様が来るので、英語で配布できるように、事前に英会話を教えてほしいと英語科の教員に相談があった。出発前には英語の事前授業をお願いし、新幹線の中でも一生懸命に練習していた。

　また、京都の世界遺産と大牟田の世界遺産のちがいを様々な面から調査・学習した。

　修学旅行から帰って来た生徒たちは、もっと世界に発信するには英語のリーフレットが必要だと気づき、有志で作成に取りかかった。

【リーフレットを作成】　【取り組みについて説明】　【修学旅行での様子】　【英語版リーフレット】

◯私たちが考えるまちづくり発信プロジェクトNo.4 「『宮原坑』ボランティア英語ガイド」

　生徒たちは、世界に発信するには海外からのお客様にも対応できるようにしておかなければならないと考えた。そこで、英語でのボランティアガイドを行うことを考えた。

　平成29年、3年時の12月には、ユネスコスクール全国大会の大牟田開催の折、来賓を英語でガイドし、ユネスコ本部から高い評価を受けた。この経験が、生徒たちにとってさらに大きな自信となっただけでなく、「自分たちのまちのたから」を世界に発信できたことの達成感も感じることができたようだった。

【英語で櫓の解説をする生徒】

5．成果と今後の方向性

(1) 成果

○様々な「ひと、もの、こと」との関わりの中で、様々な関わり・つながりを大切にする姿がみられるようになり、登下校で会う地域の方々には笑顔で挨拶をし、地域の行事等にも積極的に参加し、自分なりに地域のために行動する姿が見られるようになった。

○授業においては、積極的に発表したり互いに伝え合ったり認め合ったりする姿が多く見られるようになり、コミュニケーション力も高まった。

○世界遺産検定に挑戦する生徒も多く、授業中もわからない時には積極的に質問する等学習意欲も高まった。

○この学習を進めるにあたって、教師集団の意識が大きく変わった。それぞれの教科を活かした役割分担ができ、互いに連携し合い教科横断型の取組ができた。また、これらの教師集団の信頼関係の深まりが、生徒たちと教師の関係、生徒相互の関係をよりよいものへと築いていった。

○校区のまちづくり協議会、大牟田市役所など地域の関係機関とも連携ができ、地域の人々とのつながりが深まり、生徒たちが参加する地域のまちづくりが進められた。

(2) 今後の方向性

○校区内に世界文化遺産がある学校として、教師や生徒が変わっても、地域とのつながりや学習のつながりを引き継いでいくことができるよう、3年間の世界遺産学習のカリキュラムを確立し、それを継続させていかなければならない。

○3年間世界遺産学習に取り組んだ生徒たちが、今後どのように自分自身の生活に活かしていくことができるのか、持続可能な社会の創り手として次の行動へどのようにつないでいくのかを見守っていくことも重要だと考える。

○世界文化遺産「宮原坑」を中心とした近隣の幼稚園・小学校・中学校・高等学校・地域・行政との連携によるまちづくりを推進していく世界遺産学習に取り組む必要がある。

平成27年度から平成29年度までの3年間を通して、この世界遺産学習に取り組んだ生徒たちが今年3月に高等学校を卒業した。生徒たちの進路は様々だが、多くの生徒たちが地元大牟田に残り、自分たちの住むまちで何かまちや地域の方々の役に立ちたいとボランティアに参加したり、「地域のたから」であり「私たちのたから」「世界遺産『宮原坑』」に時々姿をみせたりするようになった。そして、自分たちの住む街が好きで、自分たちを育ててくれた地域を大切にしたいという思いがあると話してくれた。

SDGs／ESDの視点から取り組んだ世界遺産学習は、地域との関わり・つながりをとおして生徒たちの心を動かし行動を変えた。そして、2021年今、またその生徒たちがさらに成長して自分たちの住む街に戻って来て、人と人との心のつながりのある温かいまちづくりを目指して動き始めている。

◆本実践のポイント
A）生徒の探究心と自尊感情を高める学習展開

地域にある世界文化遺産を教材化し、生徒の探究心を喚起しながら「自分たちにも何かできる」という自尊感情を高める学習の展開が工夫されている。その学習は単発ではなく、生徒が持続発展的に学習を展開できるよう学年及び単元を越えたつながりのあるカリキュラム

となっている。

B) 生徒が主体となる地域に根差した多様なプロジェクト学習

　生徒たちが自ら考え主体的に学習に取り組めるように、様々な学習プロジェクトが考案・提案されている。これは、生徒が地域の足元を見つめ、創意と主体性を最大限に発揮して、教師と協働して創り上げたプロジェクトであり、工夫改善を凝らしながら達成感を味わうものとなっている。

C) 持続可能な街づくりへ貢献しようとする意欲・態度の育成

　各プロジェクトは、生徒が直接地域と関わったり働きかけたりして、その良さを他地域や海外にも発信しようとするものであり、まさに持続可能な街づくりに貢献する意欲と態度を育んでいる。

D) 地域住民等とのコミュニケーションの活性化と地域活動への参加意欲の向上

　生徒は学習を進める中で、地域住民や他地域、そして海外の人とも積極的にコミュニケーションを図ろうとする態度が身につき、それとともに生徒の地域活動への参加意欲の向上も見られる。

E) 教師たちの実践意欲とチームワークの向上

　本実践を通して、生徒のみならず教師集団の意識や実践意欲、チームワークも向上したとの報告がある。中学校の教科担任制の強みを生かして、各教師の専門性や役割分担をもとに相互に連携・協力しながら各生徒のニーズに応じて適切に指導に当っているということは特筆すべきである。

（及川幸彦）

執 筆 者 紹 介
（掲 載 順）

奈良教育大学　学長	加 藤 久 雄
東京大学大学院教育学研究科附属海洋教育センター　主幹研究員 銀杏倶楽部代表	及 川 幸 彦
大分大学　専任講師	河 野 晋 也
東京大学大学院教育学研究科附属海洋教育センター　特任研究員	嵩 倉 美 帆
奈良教育大学　准教授／ＳＤＧｓ不東会代表	中 澤 静 男
奈良市立平城小学校　教諭	新 宮 済 瑛
大阪市立晴明丘小学校　教諭	金 子 瑛
奈良教育大学次世代教員養成センター　特任准教授	大 西 浩 明
平群町立平群北小学校　教諭	中 澤 哲 也
大牟田市立吉野小学校　教諭	中 島 俊 彦
奈良市立伏見小学校　教諭	圓 山 裕 史
奈良教育大学附属中学校　教諭	山 本 浩 大
奈良教育大学　研究員	杉 山 拓 次
三重県鳥羽市立鳥羽小学校　指導教諭	廣 脇 正 人
杉並区立西田小学校　主任教諭	佐々木 哲 弥
板橋区立板橋第三中学校　主任教諭	輪 湖 みちよ
大牟田市立宮原中学校　教頭	杉 野 浩 二
大牟田市教育委員会　指導主事	高 倉 洋 美

ＥＳＤの授業づくり
こんな実践が知りたかった!!

令和３年９月30日発行

編著者：ＳＤＧｓ不東会 × 銀杏倶楽部
　　　　〒630-8528　奈良市高畑町
　　　　国立大学法人　奈良教育大学　中澤研究室

発　行：京阪奈情報教育出版
　　　　〒630-8325　奈良市西木辻町139番地6
　　　　TEL 0742-94-4567　FAX 0742-24-2104
　　　　URL http://narahon.com

印　刷：共同プリント株式会社

ISBN 978-4-87806-819-5